懲戒処分
の基本と実務

石嵜信憲 [編著]
岸 聖太郎・豊岡啓人 [著]

中央経済社

はしがき

　懲戒権の行使については，平成25年12月25日発行の『懲戒権行使の法律実務（第2版）』で筆者の基本的な考え方を説明しております。

　もっとも，同書の発行から5年が経過し，働き方改革関連，ハラスメント関連など近時法改正のなされた分野，また社内不倫，過剰接待や経費の不正利用など社会的風潮の変化を感じる分野について，新たな視点から再検討の必要性を感じたことから，企業秩序違反の行為類型ごとの整理という形式は維持しつつ，本書において，内容の見直しを行っております。

　そして，この間，実務上参考となる多数の裁判例が，最高裁判決を含め多数出ておりますので，それらの状況も踏まえ，さらにはSNSトラブル，性的少数者（LBGTQ）といった新たなテーマにも，実務対応の考え方を記述しました。

　『懲戒処分の基本と実務』という本書のタイトルにありますように，まず，懲戒処分を検討する際の「基本」として押えるべきポイントを記述し，その上で，懲戒事由ごとに法的捉え方から「実務」対応に至るまで筆者の考え方を記述した構成となっています。

　現実に企業に秩序違反が発生し，またそのおそれが生じた場合に，その行為者に対し，管理・監督権限を行使するのか，懲戒権を行使するのか，懲戒権を行使するとすれば，どのような懲戒の種類と程度を選択すればよいのか，また，同種事案に関する裁判例の状況はどうなっているのか等，実務家が最も必要とする情報について，網羅的な記述を試みました。

　なお，「第7章　裁判例から読み解く懲戒事由ごとの量定判断」は，筆者の指導のもと，岸聖太郎弁護士が執筆し，平成28年7月から12月にかけて『労働新聞』に連載された原稿を参考にしました。

　また，第7章のうち「第3節　セクシュアルハラスメント」「第4節

マタニティハラスメント等」「第5節　パワーハラスメント」の部分は，
筆者の指導の下，豊岡啓人弁護士が中心となって記述しました。
　本書が，実務の現場において，懲戒処分を検討する際に少しでも参考と
なれば幸いです。

　令和元年7月

弁護士　石嵜　信憲

『懲戒権行使の法律実務（第2版）』では掲載がなく，本書で加筆した裁判例は以下のとおりです。

【最高裁判所】

山田鋼業吹田工場事件＝最判昭25.11.15判タ9-53

関西電力事件＝最判昭55.9.8判時1094-121

全逓申述郵便事件＝最判昭58.12.20労判421-20

国鉄鹿児島自動車営業所事件＝最判平5.6.11労判632-10

JR東日本（本荘保線区）事件＝最判平8.2.23労判690-12，仙台高判平4.12.15労判690-13

小野リース事件＝最判平22.5.25労判1018-5

広島中央保険生活協同組合事件＝最判平26.10.23労判1100-5

海遊館事件＝最判平27.2.26判判1109-5

懲戒免職処分取消請求事件＝最判平28.9.8，福岡高判平27.12.15判例集未掲載

【高等裁判所】

カジマ・リノベイト事件＝東京高判平14.9.30労判849-129

学校法人関西大学（高校教論・停職処分）事件＝大阪高判平20.11.14労判987-79

コナミデジタルエンターテイメント事件＝東京高判平23.12.27労判1042-15

南淡漁業協同組合事件＝大阪高判平24.4.18労判1053-5

アークレイファクトリー事件＝大阪高判平25.10.9労判1083-24

医療法人稲門会（いわくら病院）事件＝大阪高判平26.7.18労判1104-71

海空運健康保険組合事件＝東京高判平27.4.16労判1122-40

【地方裁判所】

水戸駅デパート事件＝水戸地判昭37.9.6労民集13-5-975

イースタン観光事件＝東京地判昭45.7.27労判107-47

国際自動車教習所事件＝東京地判昭48.10.30労判188-51

泉屋東京店事件＝東京地判昭52.12.19労判304-71

日本周遊観光事件＝大阪地判昭58.10.18判例集未掲載

IV

ハイブリッドインターナショナル事件＝大阪地判平8.11.1労経速1621-11

旭川成工事件＝東京地判平11.11.15労経速1724-19

JR 東海（懲戒解雇）事件＝大阪地判平12.3.29労判790-66

東京海上火災保険（普通解雇）事件＝東京地判平12.7.28労判797-65

開隆堂出版事件＝東京地判平12.10.27労判802-85

古市庵事件＝大阪地決平15.1.23判例集未掲載

りそな銀行事件＝東京地判平18.1.31判判912-5

東企業事件＝東京地判平24.5.31労判1056-19

B大学事件＝東京地立川支判平25.1.31労判1101-137

ボッシュ事件＝東京地判平25.3.26労経速2179-14

乙山商会事件＝大阪地判平25.6.21労判1081-19

社団法人東京都医師会（A病院）事件＝東京地判平26.7.17労判1103-5

KPI ソリューションズ事件＝東京地判平27.6.2労経速2257-3

ホンダエンジニアリング事件＝宇都宮地判平27.6.24労経速2256-3

M社事件＝東京地判平27.8.7労経速2263-3

甲会事件＝東京地判平27.10.2労判1138-57

L 産業事件＝東京地判平27.10.30労判1132-20

東京メトロ（諭旨解雇・本訴）事件＝東京地判平27.12.25労判1133-5

ドリームエクスチェンジ事件＝東京地判平28.12.28判判1161-66

日本通運事件＝東京地判平29.10.23労経速2340-3

KDDI 事件＝東京地判平30.5.30労経速2360-3

国立大学法人Y大学事件＝東京地判平30.9.10労経速2368-3

目　次

はしがき

第1章　人事労務管理における懲戒の位置づけ

第1節　人事労務管理の基本 ——————————————————— 1

第2節　懲戒も人事労務管理の一手法 ———————————————— 3

第3節　監督権限・管理権限との区別 ———————————————— 5

 1　監督権限・管理権限とは ……………………………………………… 5

 2　監督権限・管理権限の本来あるべき行使の姿 ……………………… 6

第2章　懲戒とは

第1節　懲戒の意味 ————————————————————————— 9

第2節　懲戒権の保有と根拠 ————————————————————— 10

 1　考え方の対立 — 固有権説と非固有権説 …………………………… 10

 2　懲戒権保有の根拠に関する最高裁判決の内容 ……………………… 11

第3節　懲戒権の法的性格 —————————————————————— 12

ii

第3章　懲戒の種類と程度

第1節　労働契約の継続が前提か，解消が前提か ———————— 14

第2節　労働契約の継続を前提とする懲戒 ———————————— 15

　1　譴　責 ··· 15

　　(1)　実質的不利益の有無／15

　　(2)　始末書の提出と譴責処分／15

　　(3)　始末書の不提出への対応／16

　2　減　給 ··· 18

　　(1)　減給の範囲と方法／18

　　(2)　遅刻・早退・欠勤の懲戒事由と減給／19

　　(3)　役員の減俸と減給／19

　　(4)　公務員との区別／20

　3　出勤停止 ··· 21

　　(1)　出勤停止の期間／21

　　(2)　出勤停止と既に経過した期間／22

　　(3)　出勤停止と賃金／23

　　(4)　出勤停止と勤続年数／23

　4　降職・降格 ··· 23

第3節　労働契約の解消を前提とする懲戒 ———————————— 25

　1　懲戒解雇 ··· 25

　　(1)　懲戒解雇と普通解雇の関係／25

　　(2)　懲戒解雇と即時解雇の関係／28

　　(3)　懲戒解雇と退職金減額・没収／31

　2　諭旨解雇 ··· 33

　3　諭旨退職 ··· 34

目 次 iii

第4章　懲戒事由

第1節　服務規律違反 —————————————————————— 36
第2節　私生活上の非行は懲戒事由となり得るか —————————— 37

第5章　就業規則の規定の仕方

第1節　懲戒基準の作成について ————————————————— 39
第2節　実務における留意点 ——————————————————— 41

第6章　懲戒処分の有効性

第1節　労働契約法15条 ————————————————————— 42
第2節　懲戒権行使に内在する制約 ———————————————— 43
　　1　罪刑法定主義 ··· 43
　　2　不遡及の原則 ··· 43
　　3　一事不再理の原則（二重処罰禁止の原則）······························· 44
第3節　懲戒事由該当性 ————————————————————— 45
　　1　企業秩序違反行為 ·· 45
　　2　懲戒事由の追加に関する個別論点 ··· 45
　　(1)　懲戒処分後に判明した事実の処分理由への追加／45
　　(2)　懲戒処分時に認識していたが告知されなかった事実の処分理由への
　　　　追加／46
第4節　懲戒処分の相当性 ———————————————————— 48
　　1　懲戒の種類・程度（量定）の相当性 —— 相当性の原則 ············· 48

iv

　　2　懲戒の量定の基本的考え方 ……………………………………………… 49

　　3　公平性 ── 平等取扱いの原則 ………………………………………… 52

　　⑴　平等取扱いの原則／52

　　⑵　過去との決別手続／52

第5節　適正手続（弁明の機会，賞罰委員会設置の要否等）───── 53

　　1　弁明の機会の付与 ……………………………………………………… 53

　　⑴　規定がある場合／54

　　⑵　規定がない場合／54

　　⑶　実務での取扱い／55

　　2　賞罰委員会の開催 ……………………………………………………… 55

　　⑴　賞罰委員会設置の要否／55

　　⑵　規定がある場合／56

　　⑶　規定がない場合／56

　　3　労働組合との交渉・協議 ……………………………………………… 56

　　⑴　労働協約に組合員の懲戒に関し事前協議・同意約款がある場合／57

　　⑵　労働協約が存在しない，又は懲戒に関する規定がない場合／58

　　4　懲戒処分の時期と権利濫用 …………………………………………… 59

第7章　裁判例から読み解く懲戒事由ごとの量定判断

第1節　経歴詐称 ──────────────────────── 61

　　1　経歴とは ………………………………………………………………… 61

　　2　入社時の経歴詐称が懲戒対象となるか ……………………………… 62

　　3　懲戒解雇の対象となる「重大な経歴詐称」とは …………………… 63

　　⑴　職歴の詐称／63

　　⑵　学歴の詐称／64

　　⑶　犯罪歴の詐称／64

　　4　労働者の真実申告義務 ………………………………………………… 65

　　5　採用選考時に確認すべき経歴 ………………………………………… 66

目　次　v

第2節　不倫行為 ───────────────────────── 67

　　1　不倫行為がもたらす企業秩序違反 ······················ 67

　　2　社内不倫の場合 ··· 67

　　3　取引先関係者との不倫の場合 ·························· 70

第3節　セクシュアルハラスメント ────────── 71

　　1　セクシュアルハラスメントとは ······················ 71

　　2　セクハラの法的整理 ·· 72

　　3　懲戒の程度 ··· 73

　　(1)　刑法レベルの行為に対する懲戒／73

　　(2)　民法レベルの行為に対する懲戒／73

　　(3)　労働行政レベルの行為に対する懲戒／74

　　(4)　企業秩序レベルの行為に対する懲戒／75

　　4　事実調査に関する注意点 ································· 76

第4節　マタニティハラスメント等 ────────── 78

　　1　マタニティハラスメント等とは ······················ 78

　　2　マタハラ等に対する懲戒処分の考え方 ·········· 81

第5節　パワーハラスメント ──────────── 83

　　1　パワーハラスメントとは ·································· 83

　　2　目的・手段からの整理 ··· 89

　　3　厳しい指導・教育と懲戒 ····································· 91

　　4　パワハラの被害申告に関する問題 ··················· 93

第6節　業務命令違反 ───────────────── 95

　　1　基本的考え方 ·· 95

　　2　日常の労務指揮命令違反 ································· 97

　　(1)　懲戒解雇は重きに失する／97

　　(2)　「反抗」した場合／97

　　3　昇進命令違反 ·· 98

　　(1)　理論的整理／98

　　(2)　実務的対応／98

　　4　健康診断受診命令違反 ································· 99

⑴　定期健康診断の受診命令違反／99

　　⑵　再検査の受診命令違反／99

　5　時間外労働命令・休日労働命令違反 ──────────── 101

　　⑴　時間外労働命令違反／101

　　⑵　休日労働命令違反／103

　6　職種変更命令・転勤命令違反 ───────────────── 105

　　⑴　命令権の性質／105

　　⑵　選択すべき懲戒の程度／107

　　⑶　指名ストと転勤命令違反／108

　7　出向命令・転籍命令違反 ──────────────────── 110

　　⑴　出向命令違反／110

　　⑵　転籍命令違反／111

　8　海外出張命令・海外転勤命令・海外出向命令違反 ────── 112

　9　有給休暇時季変更命令違反 ─────────────────── 113

第7節　債務不履行 ───────────────────── 113

　1　債務不履行に対する考え方 ─────────────────── 113

　2　選択すべき懲戒の程度 ──────────────────────── 115

　3　実務における対応 ────────────────────────── 116

　　⑴　改善機会の付与／116

　　⑵　軽微な懲戒処分と普通解雇／117

第8節　企業秘密の漏洩等 ────────────────── 122

　1　「企業秘密」の「漏洩」とは ───────────────────── 122

　2　選択すべき懲戒の程度 ──────────────────────── 125

　3　過失による企業秘密の漏洩 ─────────────────── 127

第9節　内部告発 ──────────────────────── 128

　1　内部告発の性質 ────────────────────────── 128

　2　違法性が阻却される内部告発 ───────────────── 129

　3　内部通報制度の濫用的使用 ─────────────────── 131

第10節　SNSへの書き込み ──────────────── 133

　1　SNSとは ─────────────────────────────── 133

　2　懲戒対象となる行為類型 ─────────────────── 133

3	SNS の特性	135
4	選択すべき懲戒の程度	135

第11節　接待・饗応／経費の不適切利用　　140

1	横領・背任事案との対比	140
2	懲戒事由該当性	142
3	選択すべき懲戒の程度	143

第12節　賃金の不正受給　　144

1	残業代の不正受給	144
2	通勤手当の不正受給	146

(1)　基本的理解／146
(2)　選択すべき懲戒の程度／147

第13節　兼業行為（副業）　　148

1	兼業行為がはらむ問題点	148
2	無許可兼業の懲戒事由該当性	151
3	選択すべき懲戒の程度	152
4	深夜・休日の兼業	152

(1)　深夜時間帯に及ぶ兼業について／153
(2)　休日の兼業について／154

第14節　暴行・傷害行為　　155

1	懲戒事由該当性	155
2	選択すべき懲戒処分の程度	156

(1)　行為の相手方について／156
(2)　行為の結果について／156

第15節　身だしなみに関する規律違反　　157

1	企業が身だしなみを規制できるか	157
2	違反した場合の対応	160
3	特殊な問題 —— 性同一性障害 ——	161

第16節　私生活上の犯罪行為　　164

1	私生活上の犯罪行為	164
2	選択すべき懲戒の程度	165

viii

　　3　痴漢行為 ··· 165
　　⑴　懲戒事由該当性／165
　　⑵　選択すべき懲戒の程度／167
　　4　飲酒運転 ··· 168
　　⑴　飲酒運転に対する懲戒／168
　　⑵　懲戒事由該当性の判断要素／170
　　⑶　選択すべき懲戒の程度／171
　　5　私生活上の非行行為に対する実務対応 ································· 172

第17節　集団的労使関係 ──────────────────── 173
　　1　基本的考え方 ·· 173
　　2　団体行動の「正当性」判断 ··· 175
　　⑴　争議行為の態様の正当性判断／175
　　⑵　組合活動の態様の正当性判断／176
　　3　違法な団体行動と懲戒 ··· 180
　　⑴　組合員個人に対する懲戒処分／180
　　⑵　組合幹部に対する懲戒処分／181
　　⑶　選択すべき懲戒の程度／181
　　4　懲戒と不当労働行為 ·· 182

第18節　部下の不祥事に対する上司の責任 ───────── 183
　　1　結果責任ではなく行為責任 ·· 183
　　2　選択すべき懲戒の程度 ··· 184
　　3　人事処分と懲戒処分の併用 ·· 185

第19節　従業員間の金銭貸借など人間関係を悪化させる行為 ─── 186
　　1　良好な人間関係を悪化させる行為 ·· 186
　　2　金銭貸借 ··· 187
　　3　販売活動 ··· 188
　　4　政治・宗教活動 ·· 189

目 次 ix

第8章 懲戒処分の実施

第1節 懲戒事由の事実調査と事実認定	192
第2節 従業員の調査協力義務	193
第3節 自宅待機命令	194
第4節 その他の調査方法	195
第5節 懲戒の通知方法	196
1 通知方法	196
2 実務の取り扱い	196
3 行方不明者に対する通知	198
第6節 企業による懲戒事実の公表	199
1 公表規定の必要性	199
2 被処分者が識別特定できない態様での公表	200
3 被処分者が識別特定できる態様での公表	200
(1) 社内公表事例／201	
(2) 社外公表事例／202	

付録 ────────────────────────── 205

参考資料

資料1 就業規則案 規定例（服務規律・懲戒に関する章）	206
資料2 譴責・減給・出勤停止・降格事由の三分割例	217
資料3 懲戒処分の指針について	222

書式集

書式1 改善指導書（勤務態度不良）	232
書式2 自宅待機命令書	234
書式3 懲戒処分通知書（譴責・減給・出勤停止・降格・懲戒解雇）	235

【凡　例】

本文中で使用した法令等の略称は下記のとおりです。

労基法	労働基準法
労組法	労働組合法
労安衛法	労働安全衛生法
均等法	雇用の分野における男女の均等な機会及び待遇の確保等に関する法律
育介法	育児休業，介護休業等育児又は家族介護を行う労働者の福祉に関する法律
障害者雇用促進法	障害者の雇用の促進等に関する法律
労働施策総合推進法	労働施策の総合的な推進並びに労働者の雇用の安定及び職業生活の充実等に関する法律

第1章
人事労務管理における懲戒の位置づけ

第1節　人事労務管理の基本

　人事とは，「人」と「組織」と「コスト」の結びつけをいうと考えればよいといえます。3頁の図にみるように，「人」とは各人が持つ「能力」，「組織」とは「仕事」，「コスト」とは「賃金」を意味します。人事の基本は，優秀な能力をもつ人材を従業員として確保し，付加価値の高い仕事に就かせ，それに見合った賃金を支払うという形で，人と組織とコストを高いレベルで均衡させることにあります。

　この観点からすれば，職務分析を行って仕事の価値を決め，その価値にふさわしい人材をあてはめる職務給 ―「属仕事給」が理想に近いといえます。

　しかし，日本ではこの職務給というシステムはとられませんでした。日本の大企業では，正社員に長期雇用（終身雇用）の慣行があり，企業はその雇用を守るために職種変更を行いますが，職種変更をすると賃金が下がるようでは，職種変更がスムーズに進みません。これでは雇用を保障して集団的労使紛争を避け，技術革新を進めるという目的の障害になることから，賃金を人に貼り付ける方法 ―「属人給」が人事労務管理の基本とされてきました*。

　　*　属人給の中でも学歴・年齢・勤続を評価軸とするのが年功主義人事ですが，産業構造や人口構成の変化，高学歴化，女性の社会進出など社会状況が変化する中

で，保有する職務遂行能力を評価軸とする職能主義人事，具体的成績を評価軸とする成果主義人事，高業績者に共通する行動特性を評価軸とするコンピテンシー人事と，適正に労働力の価値を評価し労働者の処遇につなげようと，人事システムの変容が進んでいます。

人事労務管理の最終的な目標は，企業として成果を生み出すことです。そして，成果を出すために従業員に求められるのは，①能力，②健康，③執務態度，④私生活の安定の4つであり，これが人事労務管理のポイントになります。

まず，知識や経験，専門性等が能力の基本になることは間違いありません。能力に関しては，スペシャリストであれば高い能力を持つ人を採用すること，又は新卒一括採用したゼネラリストの場合は，教育と配置転換を通じて社内キャリアを形成させて能力を身につけさせることがポイントになります。

次に，健康でなければなりません。どんなに高い能力を持っていても，心身ともに健康でなければ，その能力を仕事に結びつけてパフォーマンスを発揮することはできません。

そして，能力，健康に加えて従業員に求められる重要な要素が，良好な執務態度です。在宅勤務のように単独で仕事をするような場合を除いて，通常は会社において集団で労務を提供することが基本となります。集団で労務提供を行う場合に求められるのはトータルパワーです。他の従業員と協調して業務に専念するという良好な執務態度なくして，高いパフォーマンスが発揮されることはありません。協調性が不足する従業員がいることは，トータルパワーを引き下げる要因となるのです。さらに，能力を成果に結びつけるための行動様式をとることも重要となっています。

加えて，今日では，私生活の安定があってこそ，安心して働けるという価値観を持った世代の従業員が増加しています。したがって，ワーク・ライフバランスへの配慮も企業に求められています。

このように，従業員の能力，健康，執務態度を把握し，問題のある従業

員に対しては，その是正を図るとともに，割り当てる仕事（適正配置），賃金をはじめ当該従業員にかかるコストのバランス（適正評価）をとることが，人事労務管理の基本といえます。

私生活の安定については，時間外労働命令権，休日労働命令権や，有給休暇の時季変更権の行使の際に，労働者の事情も十分に考慮する必要があります。

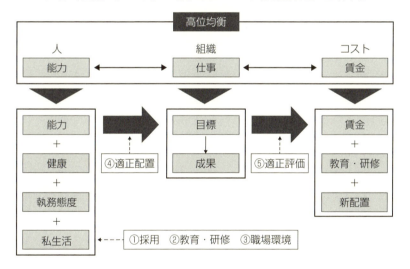

第2節　懲戒も人事労務管理の一手法

懲戒についても，この人事労務管理の枠の中で考える必要があります。懲戒の対象となる事由は，成果を出すことを妨げる行為であるといえるか

らです。

能力不足では成果を出すことができませんが，懲戒事由になるわけではありません。能力不足に関しては，指導・研修によって能力開発をしていきます。そして，それでも業務を遂行する能力がない場合には，普通解雇することができるかという議論になります。

健康についても同様です。私傷病による欠勤が懲戒事由になることはありません。約束した労務提供ができないのですから，債務不履行として普通解雇事由になります。ただし，日本企業の多くが休職システムを採用しているため，即解雇するのではなく，勤続年数に応じた休職期間を与え，休職期間満了時に原則として休職前に行っていた業務を遂行することができるかどうかによって職場復帰か普通解雇（当然退職）かを検討することになります。

執務態度については，懲戒の議論が出てきます。能力が高く，健康であっても執務態度が不良で，意欲がなければ成果は出ません。また，協調性がなければ，個人の成果だけではなく，一緒に働くチームの成果にも悪影響が出てきます。このように，執務態度不良は企業秩序を乱すおそれのある行為であり，成果を出すことを妨げる要因となるため，懲戒による是正が必要となります。

企業秩序が乱れてしまっては，会社としてのトータルパワーを発揮することはできません。ですから，従業員に求められる良好な執務態度には，企業秩序を維持することも含まれ，成果を上げることを妨げるおそれのある企業秩序違反行為については懲戒をもってしても是正していく必要があります。

このように，懲戒は人事労務管理の一手法といえます。これからの人事労務管理は，企業秩序に反した従業員をいかに懲戒していくかが重要なポイントになります。

☞ 裁判所は，普通解雇の有効性について，懲戒を実施することにより改善の機会を付与したか否かを重要なポイントと考えています。この

点については，第3章第3節で説明します。

第3節　監督権限・管理権限との区別

1　監督権限・管理権限とは

　企業が，従業員の労務管理を行う際，その基本となるのは，使用者が労働者に対して保有する監督権限及び管理権限です＊。

　　＊　監督権限及び管理権限の意味を解釈するにあたっては，労基法41条2号「監督
　　　若しくは管理の地位にある者」との実定法上の定めの解釈によるべきと考えます。
　　　　そして，この「監督若しくは管理の地位にある者」の意味については，労働基
　　　準法制定時に作成された資料（「労働基準法案解説及び質疑応答」－労働基準法
　　　〔昭和22年〕(3)上　日本立法資料全集53　信山社）によれば，「監督の地位にある
　　　者とは労働者に対する関係に於て使用者のために労働状況を観察し労働条件の履
　　　行を確保する地位にある者，管理の地位にある者とは労働者の採用，解雇，昇級，
　　　転勤等人事管理の地位にあるものを云ふ」とされており，労働基準法を起草する
　　　段階から，「監督の地位にある者」の有する「監督権限」と「管理の地位にある
　　　者」の有する「管理権限」を区別していたことがわかります。

　監督権限とは，労働条件の履行を確保する手段としての労務指揮権，業務命令権のことです。日常の労働義務について，行うべき労働の内容・順序・時間配分等の指示を行う権限が労務指揮権であり，労働力の提供そのもの以外にも，業務の遂行全般について，労働者に指示命令する権限（時間外労働命令，休日労働命令，健康診断受診命令等）が業務命令権と整理することができます。

　管理権限とは，その労働者の採用，配置，異動，昇進，昇格，降格，休職，解雇等の人事管理を行う権限，すなわち人事権を意味します。

2 監督権限・管理権限の本来あるべき行使の姿

　前述のように，労務管理の基本は，監督権限及び管理権限ですから，労務管理の一環である企業秩序維持も，本来的には監督権限及び管理権限の行使によって対応すべきといえます。使用者が企業秩序に違反した労働者に対し懲戒権を行使する際にも，この点を忘れてはなりません。

　一般に懲戒対象事実として問題とされることが多い事象について，監督権限や管理権限によって十分に対処可能であることも多く見られます。

　例えば，以下のような事例が挙げられます。

① 　遅刻・早退した者については，懲戒処分をもって対処しなくても，まずは注意・指導という監督権限の行使をするべきであり，その中でも口頭による注意指導，書面による注意指導，厳重注意など重大性について差を設けながら，監督システムにおいて対処していくことも十分可能です。

② 　協調性不足や他の従業員と衝突することが見られる者については，懲戒権を行使せずに，花形である東京本社勤務から地方への配転を行うという人事権の行使により対処することもできます。

③ 　パワーハラスメントを行った上司については，人事権の行使として職位の降職や降格を行うこともでき，また，人事考課上低査定とするという対応も考えられます。

④ 　労働契約を解消しなければならないような重大な企業秩序違反を犯した場合であっても，懲戒解雇とせずに普通解雇とすれば契約解消という目的は十分達することができますし，退職勧奨をし，労働者から退職届を受け取るという方法でも十分です。

⑤ 　会社の名誉・信用を毀損し，又は，営業秘密を持ち出した者に対しては，普通解雇を検討し，それで不十分であれば，名誉毀損等を理由に民事損害賠償請求ができますし，態様によっては刑事告発をするこ

ともできます。

⑥　企業秩序を侵害した者の出勤を認めることがさらなる企業秩序の侵害につながる場合には，企業秩序を侵害する点で債務の本旨に従った弁済*とはいえないとして，労務提供の受領を拒否することも手段の1つとして考えられます（本旨弁済がないので賃金も発生しません）。

*　債務の本旨に従った弁済とは

民法493条本文は，「弁済の提供は，債務の本旨に従って現実にしなければならない。」としています。したがって，労働者は，労働義務を「債務の本旨」（約束）に従って誠実に履行しなければなりません。

労働契約から発生する企業秩序遵守義務の履行を前提に，

①　始業・終業時刻を守って所定労働時間働けること（通常 8 時間）

②　独力で安全に通勤ができること（配偶者等による車での送迎で代替することは可能）

③　通常の業務遂行にあたって必要となる機器（OA 機器等）を支障なく操作できること，また工場であれば安全に機械装置を操作できること

④　他の従業員とコミュニケーションをとって協調して仕事ができること

⑤　時間外労働ができること（月20時間程度）

⑥　国内出張ができること

などの内容が，一般的な約束を守った労務提供と考えられます。

以上のように，使用者は，企業秩序を侵害する行為に対して，必ずしも懲戒処分をする必要はありません。企業秩序を遵守することが雇用契約の内容となっていることからすると，企業秩序侵害行為は契約違反の性格も持っていますから，監督権限，管理権限の行使によって対処することが十分に可能ですし，むしろ懲戒処分一辺倒ではなく，人事権の行使も含めて柔軟に対応することが大切です。

【企業秩序違反に対する労務管理手法】

第2章
懲戒とは

第1節　懲戒の意味

　「懲戒」は，服務規律や業務命令に違反した労働者に対する制裁罰をいい，労働契約関係における不利益な取扱いを使用者が一方的に行うこと，と一般的に定義されます。

　企業においては，多数の労働者による共同作業が展開されるため，企業運営上の秩序（企業秩序）を確保し，労働者の行動を規律することが必要となります。その守られるべき「企業秩序」とは，事業目的を達成するために必要であるとして組織体たる企業が実施する，構成員に対する統制全般をいいます。そして，会社はこの「企業秩序」を従業員の行為規範である「服務規律」として就業規則の中に定め，その服務規律違反に対して懲戒を結びつけ，その威嚇力を背景に，従業員に対して行為規範の遵守を求める形としていることが多いといえます。その意味で服務規律内容と懲戒事由は密接に関連しているといえます。

☞ **服務規律と企業秩序**

　　服務規律は，①狭義の服務規律，②企業財産の管理・保全のための規律，③従業員としての地位・身分による規律に分類できます。

　　①狭義の服務規律は，労働者の就業の仕方及び職場のあり方に関する規律をいいます。例えば，入退場に関する規律，遅刻・早退・欠勤・休暇の手続，離席・外出・面会の規制，服装規定，職務専念義務，上司の指示・命令への服従義務，職場秩序の保持，職務上の金品授受の

禁止，安全・衛生の維持のための規定，職場の整理整頓等があります。

そして，②企業財産の管理・保全のための規律とは，会社の施設ないし物品の管理・保全のための規律をいいます。例えば，物品の持出流用の禁止や火気の取り締まりといった会社財産の保全や，終業後の職場滞留の制限や会社施設を利用しての会合・宣伝活動の許可制，事業場内の政治活動・宗教活動の禁止といった会社施設の利用制限に関する規律等をいいます。

また，③従業員としての地位・身分による規律としては，信用の保持，兼職・兼業の規制，禁止といったものがあります（菅野和夫『労働法〔第11版補正版〕』649頁～650頁）。

そして，上記の（広義の）服務規律の内容とほぼ一致するものとして，「企業秩序」という概念があります。「服務規律」は従業員の行為規範とされている一方で，「企業秩序」とは，一般的には「経営目的を遂行する組織体としての企業が必要とし実施する，構成員に対する統制の全般」を意味するとされています（菅野『労働法〔第11版補正版〕』650頁）。

第2節　懲戒権の保有と根拠

1　考え方の対立 ― 固有権説と非固有権説

使用者が懲戒権を保有する根拠に関しては，2つの考え方が対立しています。

1つは，使用者は規律と秩序を必要とする企業の運営者として当然に固有の懲戒権を有するという，固有権説です。

もう1つは，使用者の懲戒処分は，労働者が労働契約において具体的に同意を与えている限度でのみ可能であるという，非固有権説（契約説）で

す。

　固有権説によると，使用者は当然に固有の懲戒権を有していますから，就業規則に定めた懲戒事由は，懲戒権保有の範囲を例示的に列挙したもの（例示列挙）にすぎないことになります。

　他方，非固有権説（契約説）によると，具体的な同意すなわち約束した内容についてのみ懲戒権を有することになりますから，具体的な同意を経て規定された懲戒事由は，懲戒権保有の範囲を限定的に列挙したもの（限定列挙）ということになります。

2　懲戒権保有の根拠に関する最高裁判決の内容

　最高裁は，関西電力事件判決（最判昭58.9.8判時1094-121）において，「労働者は，労働契約を締結して雇用されることによって，使用者に対して労務提供義務を負うとともに，企業秩序を遵守すべき義務を負い，使用者は，広く企業秩序を維持し，もって企業の円滑な運営を図るために，その雇用する労働者の企業秩序違反行為を理由として，当該労働者に対し，一種の制裁罰である懲戒を課することができるものである」として，使用者は当然に懲戒権を保有すると考えられる旨の判示をしています。

　その後，フジ興産事件判決（最判平15.10.10労判861-5）では，「使用者が労働者を懲戒するには，あらかじめ就業規則において懲戒の種別及び事由を定めておくことを要する（最高裁昭和49年(オ)第1188号同54年10月30日第三小法廷判決・民集33巻6号647頁参照）。そして，就業規則が法的規範としての性質を有する（最高裁昭和40年(オ)第145号同43年12月25日大法廷判決・民集22巻13号3459頁）ものとして，拘束力を生ずるためには，その内容を適用を受ける事業場の労働者に周知させる手続が採られていることを要するものというべきである。」と判示しています。

　これらの最高裁判例の解釈には議論があるところですが，筆者は次のように考えます。使用者は，本来的に懲戒権を保有していますが，それを行

使するためには懲戒の種別と事由を就業規則に明定しなければならないという解釈です。企業にとって企業秩序を維持するための制裁罰というのは必要不可欠のものですから，企業は懲戒権を固有の権限として保有しており，ただし，これを行使するためには，罪刑法定主義*と同様の観点から労働者の予測可能性を担保するため，懲戒の種別及び事由をあらかじめ就業規則に定めておく必要があると考えます。

> **＊ 罪刑法定主義とは**
> 刑事罰を科すには，犯罪とされる行為の内容及びそれに対して科される刑罰をあらかじめ法律で定めておかなければならないという刑法上の基本原則です。

また，法文上は，「制裁の定め」は，労働契約の締結に際し労働者に明示しなければならない労働条件（労基法15条），かつ就業規則の必要的記載事項（同89条9号）とされており，懲戒の種別と事由は限定列挙であると解されます。裁判例においても，限定列挙である旨明示したものがあります。

> **◆ セコム損害保険事件＝東京地判平19.9.14労判947-35**
> 「懲戒解雇としては就業規則に明示されたものでなければ原則として当該規則に則った処分をすることができないものというべきところ，普通解雇は通常の民事契約上の契約解除事由の一つとして位置づけられ，就業規則に逐次その事由が限定列挙されていなければ行使できないものではない。」として，普通解雇の場合と対比し，懲戒事由が限定列挙である旨判示しています。

上記内容を整理すると，懲戒権を行使するためには，①懲戒の種別（種類と程度）及び事由をあらかじめ就業規則に規定し，②これを周知することが必要であるということになります。

第3節　懲戒権の法的性格

懲戒権は，労働者に対する制裁罰（不利益措置）を，使用者が一方的意

思表示によって行使する権利ですから，その法的性格としては形成権と解することができます。

　懲戒は，使用者の一般的な人事措置と隣接することも多いですが（譴責・戒告と注意，出勤停止と自宅待機命令，降格処分と降格人事，懲戒解雇と普通解雇），いずれの懲戒も上記の制裁機能を有しており，この点で一般的な人事措置とは区別されますし，懲戒独自の意義を有することになります。

　そして，このような強力な制裁罰を科しうる実質的根拠は企業秩序維持の要請にある以上，懲戒権は，単に労働者が労働契約上の義務に違反したというだけでは足りず，企業秩序を現実に侵害した（業務阻害や職場規律の支障の発生）か，少なくともその具体的危険が認められる場合に限って発動できると解されます。近時の裁判例でも，全く同様の判示をしたものがあります（学校法人Ｂ（教員解雇）事件＝東京地判平22.9.10労判1018-64）。

　ここで注目すべきは，企業秩序を現実に侵害した場合のみならず，企業秩序を侵害する具体的危険性，すなわち「侵害するおそれ」がある場合にも懲戒の対象になるということです。

　判例も，職場外でなされた労働者の行為に対する懲戒の有効性が問題となった事案において，「職場外でされた職務遂行に関係のない労働者の行為であっても，企業の円滑な運営に支障を来すおそれがあるなど企業秩序に関係を有するものもあるのであるから，使用者は，企業秩序の維持確保のために，そのような行為をも規制の対象とし，これを理由として労働者に懲戒を課することも許される」と判示しています（前掲関西電力事件）。

第3章
懲戒の種類と程度

第1節　労働契約の継続が前提か，解消が前提か

　前述したように，懲戒処分は，労働者の企業秩序違反に対して使用者が労働契約上行いうる通常の手段（普通解雇，配置転換，損害賠償請求，一時金・昇給・昇格の低査定など）とは別の特別な制裁罰であるため，労働者に対して懲戒権を行使するには，就業規則に懲戒の種別（種類と程度）と事由を明確にした懲戒規定を設け，周知しておく必要があります。

　どのような懲戒の種類を懲戒規定に定めるのかは企業ごとの判断になりますが，普遍的なものとしては，譴責，減給，出勤停止（停職），懲戒解雇が挙げられます。その他には，昇給停止，降格・降職，役職剥奪，法定を上回る部分の年次有給休暇の制限，退職金・賞与の減額，過怠金，休職，職務替え，謹慎，諭旨解雇，諭旨退職等を懲戒の種類として定めている企業もあります。

　これらの懲戒の種類は，労働契約の継続を前提とする懲戒（譴責，減給，出勤停止，降格等）と，労働契約の解消を前提とする懲戒（諭旨解雇，懲戒解雇等）に大別することができます。

　そして，実務においてはこの区別が重要であり，特に注意が必要となるのが後者の労働契約の解消を前提とする懲戒です。

　第2節（労働契約の継続を前提とする懲戒）及び第3節（労働契約の解消を前提とする懲戒）では，代表的な懲戒の種別とこれに関連する個別の

問題点について説明します。

第2節　労働契約の継続を前提とする懲戒

1　譴　責

　「譴責」とは，一般的に「始末書を提出させて将来を戒めること」をいいます。それに対して「戒告」は，通常，将来を戒めるのみで始末書の提出を伴いません。ここでは，譴責について説明します。

⑴　実質的不利益の有無

　譴責処分は，それ自体では経済的な実質上の不利益を課さない処分といえますが，懲戒を受けたということで，昇給・賞与・昇格等の考課・査定上において不利な取り扱いをされるのが通常の措置と考えます。

　ここで，譴責処分を受けた場合に，当該処分の有効性を裁判所で争うことができるかが，訴えの利益の観点から問題となります。譴責処分を受けた場合，始末書の提出が義務付けられたり，上記で説明したとおり，昇給・昇格・賞与等で不利益が生じる可能性があるので，通常は訴えの利益はあると考えます*。

　　＊　この点に関し，訴えの利益を否定した裁判例（立川バス事件＝東京高判平2.7.19
　　　労判580-29）があります。もっとも，この裁判例は，労働者が既に退職した後の
　　　事案であるため，在職中と同一に考えることはできないと考えます。

⑵　始末書の提出と譴責処分

　ところで，不祥事が起きた場合，まず労働者に対して始末書の提出を求

め，始末書を提出させた後に本人が認めているという理由で，譴責などの懲戒処分をするという手続をとっている会社があります。

　しかし，このような手法はとるべきではありません。懲戒は，処分として始末書の提出を命じるのが基本だと思います。ですから，まず提出を求めるのであれば，始末書ではなく，事実関係の報告である顛末書の提出を求めるべきです。そして，事実関係を調べた上で，本人が認めているのか，否認しているのか，当該事案が懲戒規定の懲戒事由に該当するのか，同様な内容でこれまで懲戒処分された事案があるのかなどを考慮して，懲戒処分をするのであればどのような処分を下すのか，その種類を考えることになります。

　顛末書に「申し訳ありませんでした。今後このようなことがないように十分注意いたします。」という旨の内容が書かれていても構いませんが，会社側が日常の労務指揮権で求めるのは，始末書ではなく，あくまでも顛末書であるべきです。そして，事実関係をきちんと確認し，それが譴責処分に該当すると判断されれば，そのとき初めて懲戒として始末書の提出を命じる──これが適正な手続ではないかと思います。

　☞　実務では，管理権限ないし懲戒権を保有する人事部等が知らないうちに，現場の監督者が始末書を取得している例が多く，この点，監督者に対し，顛末書と始末書の区別と，必要であれば始末書ではなく顛末書の提出を求めるべきであることを十分に教育すべきです。

(3)　始末書の不提出への対応

　実務で問題となるのは，譴責処分され，始末書の提出を求められたにもかかわらず，当該労働者が始末書を提出しない場合です。始末書不提出に対してさらに懲戒処分をすることができるかという問題が発生します。

　結論からいえば，再度の懲戒処分によって始末書の提出を強制することはできないと考えます。労働契約は，労働者の人格までを支配するものではないからです。始末書の提出は労働者の任意に委ねられることになりま

す。

　裁判例には，始末書は良心の自由の問題ではなく，懲戒として提出を求めることができ，それを拒否した場合は再度懲戒処分をしてもよいという判決もあります*。しかし，やはり始末書不提出に対して再度懲戒処分をすべきではないと考えます。始末書の不提出を理由に懲戒解雇できるわけでもないのですから，トラブル化した場合の時間と人的コストも加味すると，再度の懲戒処分は避けるべきと考えられます。

　　*　始末書不提出に対する懲戒処分を肯定した裁判例としては，エスエス製薬事件
　　　＝東京地判昭42.11.15労判54-27，水戸駅デパート事件＝水戸地判昭37.9.6労民集
　　　13- 5 -975，あけぼのタクシー（懲戒解雇）事件＝福岡地判昭56.10.7労判373-37，
　　　黒川乳業（労働協約解約）事件＝大阪地判平17.4.27労判897-43などがあります。
　　　　これに対して，始末書不提出に対する懲戒処分を否定した裁判例としては，福
　　　知山信用金庫事件＝大阪高判昭53.10.27労判314-65，国際航空事件＝大阪地判昭
　　　45.11.19労判126- 6 ，丸住製紙事件＝高松高判昭46.2.25労民集22- 1 -87，共栄印
　　　刷指紙器事件＝名古屋地決昭53.9.29労判308-90などがあります。

　しかし，改めての処分はしませんが，実務はそのままでよいわけはありませんから，当該労働者に始末書の提出を再度求める旨の通知書を渡します。それでも始末書が提出されない場合は，「あなたが当該事実について反省する姿勢がないものと考えざるを得ません。したがって，今後同じ非行事実が起きた場合，反省・改善する意思がないことから，非行行為が繰り返されていると評価します。」などという通知書を渡し，再度同様な行為がなされた場合，その処分決定の際に不利な事情となることを警告した証拠とすれば足りると考えます*。

　　*　始末書不提出を考課査定や配置昇進に関する裁量において不利に考慮すること
　　　はあり得る（菅野『労働法〔第11版補正版〕』661頁）との立場もありますが，既
　　　に懲戒処分をされたことが不利に考慮されているので，将来の不利益の可能性を
　　　告知すれば足りると考えます。

18　第3章　懲戒の種類と程度

2　減　給

　「減給」とは，制裁として，その労働者の現実になされた労務提供に対して支払われるべき賃金から一定額を差し引くことをいいます。

(1)　減給の範囲と方法

　減給については労基法91条（制裁規定の制限）が適用され，「就業規則で，労働者に対して減給の制裁を定める場合においては，その減給は，1回の額が平均賃金の1日分の半額を超え，総額が一賃金支払期における賃金の総額の10分の1を超えてはならない。」とされています。

　これは，懲戒事案1回に対しての減給額が平均賃金の1日分の2分の1以下でなければならないということですが，平均賃金の1日分の2分の1以下であれば何日にもわたって減給してもよいという意味ではありません。懲戒処分としての減給額にしては少ないのではないかと思われるかもしれませんが，減給額が多額になると当該労働者の生活を脅かすことになります。そのため，このような制限が定められているのです。

　また，「総額が一賃金支払期における賃金の総額の10分の1を超えてはならない」とされていますが，一賃金支払期における賃金の総額とは，賃金支払期に現実に支払われる賃金の総額をいいます。遅刻や早退，欠勤に対して賃金から差し引く場合は，実際に労務提供がなされなかった時間に相当する賃金だけを差し引くのであれば，ノーワーク・ノーペイの原則どおりで減給には該当しませんから，一賃金支払期に支払われるべき賃金からその分を差し引いた額を基礎として10分の1に当たる額を計算します。

　複数の懲戒事由があり，減給処分が一賃金支払期における総額の10分の2になってしまった場合には，まず10分の1を減給し，次の賃金支払期に10分の1を減給します。労基法91条の規定は，10分の1以上は減給できないという意味ではありません。1回の賃金支払期間では10分の1以上減給

第2節　労働契約の継続を前提とする懲戒　19

してはならないということです。したがって，減給分がまだ残っている場合には，次期の支払賃金から差し引くことになると考えます（就業規則の規定においても，翌賃金支払期から減額できる旨を明記しておくべきと考えます）。

　☞　この点に関して，就業規則の規定において明記されていない就業規則規定例も多く，労働契約の観点からは，下記規定例（巻末資料1　就業規則規定例91条2号）のように明記しておくべきです。

第91条　懲戒の種類及び程度は，以下のとおりとする。
②　減給　　始末書を提出させて，将来を戒めるとともに賃金を減ずる。この場合，減給の額は1事案について平均賃金の1日分の半額とし，複数事案については一賃金支払期間の減給総額が当該賃金支払期間における賃金総額の10分の1を超えないものとする。ただし，減給総額が当該賃金支払期間における賃金総額の10分の1を超える部分については，翌月以降の賃金を減ずる。

(2)　遅刻・早退・欠勤の懲戒事由と減給

　(1)で説明したように，減給の1回の額が平均賃金の1日分の半額を超えることができないことから，実務では，数回の遅刻等に対し，遅刻1回ごとに1回の減給を実施することにより，減給額を増加させている例があります。しかし，本当に1回の遅刻が減給の懲戒事由に該当するのか合理的解釈からすると疑問であり，さらに，その懲戒権行使は社会的相当性を欠くものといえます。したがって，事案によりますが，上記の1日分の半額を超えることになる取り扱いは無効となると考えます。

(3)　役員の減俸と減給

　会社の不祥事が発覚すると，役員（会社法上の取締役であり，単なる執行役員は含みません）が年俸を30%，3カ月減俸する等の報道があります。しかし，この会社法上の取締役は会社との間で労働契約を締結しておらず，

20　第3章　懲戒の種類と程度

就業規則の適用はもちろん，労基法の適用もなく，懲戒の減給という概念がありません。委任契約が締結されていますので，報酬を一方的に減額できず，この場合には自主的な報酬の返上が行われているものと理解されます。

☞　**賃金債権の放棄**

　　労働者についても賃金を放棄ないし自主返上をさせることができないかと問われることがあります。この点，賃金債権の放棄の可否については，判例（シンガー・ソーイング・メシーン事件＝最判昭48.1.19民集27-1-27）は，賃金に当たる退職金債権放棄の意思表示は，それが労働者の自由な意思に基づくと認めるに足りる合理的な理由が客観的に存在するときは有効であるとしています。

　　しかし，賃金債権の放棄については，労働者の自由意思に基づく明確なものであることを必要とし，特に黙示の合意の場合にはその成立や有効性は容易には認められないと考えられています（更生会社三井埠頭事件＝東京高判平12.12.27労判809-82，北海道国際航空事件＝最判平15.12.18労判866-14）。

　　月例賃金に関する労基法91条の減給の制限を脱法する可能性があり，かつ，労働者の日常生活に悪影響を与えるおそれが高い場合には，絶対に黙示同意に期待するべきではなく，明示の同意を取得すべきです。

　　なお，北海道国際航空事件では，賃金債権の発生前については減額への同意の問題とし，発生後の部分について放棄の効力を判断しています。

(4)　公務員との区別

　　労基法91条の減給の範囲の説明をすると，「もっと減給できるのではないか」と主張する使用者がいますが，それは公務員が不祥事件を起こして大幅な減給処分を受けたという報道が影響していると思われます。しかし，民間企業の労働者と公務員では立場がまったく異なります。国家公務員の減給については，人事院規則12-0第3条により「1年以下の期間，俸給の月額の5分の1以下に相当する額を，給与から減ずるものとする。」と定められており，民間企業の労働者よりも多額な減給処分が可能です。

第2節　労働契約の継続を前提とする懲戒　21

つまり，国家公務員の減給処分報道を目にすることで，民間でも同様な減給処分ができると誤解されていることがあるのです。しかし，前述したように，民間企業の労働者には労基法91条が適用されます。この点は注意してください。

3　出勤停止

「出勤停止」とは，労働契約を存続させながら，制裁として労働者の就労を一定期間禁止することをいいます。通常，出勤停止の場合は，労働者本人に責めに帰すべき事由があって労務提供がなされないのですから，出勤停止期間中は賃金が支給されないのが普通です。

(1)　出勤停止の期間
出勤停止の期間については，明示の法規制はなく，民法90条の公序良俗による制限がなされるにすぎません。実務においては「７労働日以内」という規定も多くみられます*。
> ＊　労政時報3949号（2018年４月13日）「懲戒制度の最新実態」では，出勤停止の日数の定めがある企業が73.9％と７割強であり，その中で「７日」と「10日」がそれぞれ31.6％で同率１位となっています。

これは，戦前の工場法が出勤停止を７労働日と規定していた名残りだと思われますが，実務的にもやはり「７労働日以内」とするのがよいと思います。
なお，「出勤停止処分が７労働日以内では短すぎる」として，長期に及ぶ出勤停止を規定するか，さらには，「懲戒休職」等と規定して長期の就業を禁止している企業があります*。
> ＊　前述の「懲戒制度の最新実態」では，最長「６ヶ月」，その他「２ヶ月」，「３ヶ月」という長期にわたる例も見られるとの報告があります。

これは前述の減給同様，国家公務員に対する停職の期間が「１日以上１

22　第3章　懲戒の種類と程度

年以下」（人事院規則12-0第2条）とされており，「○○県職員に対し停職処分3か月」等の報道が頻繁になされていることが影響していると考えられます。

　この点，筆者は，懲戒解雇処分には特に慎重であるべきと考えていますので，このような規定も十分に考えるべきと思いますが，実務ではやはり，出勤停止期間を長期に規定することは，必ずしも会社側にメリットがあるとはいえないことに注意すべきです。何故かというと，普通解雇や懲戒解雇が難しくなると考えられるからです。裁判で普通解雇や懲戒解雇といった解雇の有効性を争うことになった場合，出勤停止期間が長期に定められていると，「解雇ではなく，出勤停止90日の処分でよかったのではないか」と判断される可能性があります。つまり，長期の出勤停止期間は，できる限り普通解雇又は懲戒解雇の適用を避けるという趣旨で定められたものと裁判官に判断されても仕方がありません。言い換えれば，出勤停止期間を短く設定しておいたほうが，解雇処分に対する使用者の裁量が広くなるとも考えられるのです。

(2)　出勤停止と既に経過した期間

　実務では，懲戒前，賃金を支払うことを前提に自宅待機を命じて，後に懲戒として出勤停止を決定した場合，その自宅待機期間の全部又は一部について出勤停止期間として賃金を支払わないという扱いを行うことがみられます。この点については，実際的な取り扱いの便宜措置として理解できないわけではありませんが，やはり，既に経過した期間を，懲戒処分としての出勤停止にすることは避けるべきであると考えます＊。

　＊　医療法人光愛会事件＝大阪地判平20.11.6労判979-44
　　　「懲戒処分としての出勤停止は，職場規律違反に対する制裁として労働者の就労を一定期間禁止するものであり，これによれば，既に経過した期間を対象として，懲戒処分として出勤停止にすることはできないというべきである。このことは出勤停止期間において労働者が出勤していなかった場合においても同様である。」として，諭旨解雇（主位的処分）の予備的処分として過去の期間について

行った出勤停止命令を無効とし，労働者は同期間中の賃金につき支払いを求める権利を失わないと判示しました。

(3) 出勤停止と賃金

　出勤停止中は，ノーワーク・ノーペイの原則のとおり，賃金は発生しません。また，この労務不提供は労働者側の責めに帰すべき事由で発生しているので，危険負担の問題も発生しません。なお，完全月給制を採用している会社では，賃金支払いの理論上の問題が発生する可能性がありますので，就業規則では「その期間の賃金は支払わない」との規定をしておくべきです* **。

　　* 　前述の「懲戒制度の最新実態」では，賃金を支払わない企業が82.9%とほとんどであるが，特に決めていないとする企業が8.3%あり，一部支給する企業も7.2%あるとの報告もあります。

　　** 　パワーテクノロジー（出勤停止処分）事件（東京地判平15.7.25労判862-58）は，「期間中の賃金を支払わない出勤停止の場合の賃金控除は，労務の提供を受領しつつその賃金を減額するものではないから，それが懲戒処分としてなされる場合でも労働基準法91条の適用はなく，控除される金額の計算方法が労働契約及び労働基準法24条に照らし合理的なものであればよい。」と判示しています。

(4) 出勤停止と勤続年数

　「出勤停止期間は勤続年数に通算しない」としている企業もありますが，出勤停止期間を「7労働日以内」とするならば，勤続年数に通算してもよいと考えます。

4　降職・降格

　「降職」とは，職位や役職を解き若しくは引き下げる処分をいいます。「降格」とは，職能資格制度上の資格や職務等級・役割等級制度上の等級を低下させることをいいます。また，職務等級制を採用している場合には，

給与等級（グレード）を引き下げることをいいます。

　降職・降格に伴い賃金額も下がる場合が多いですが，労基法91条の規制を受ける「減給」とは区別されます。また，この処分は，一定期間で終了する出勤停止処分より重い処分と位置付けられます。

　なお，懲戒とは別に，正当な人事権（管理権限）に基づいて「降職」や「降格」を行うこともできます。例えば部長から課長に降職となり，支給される管理職手当が5万円から3万円になったとしても，正当な人事権に基づく降職であれば，賃金の不利益変更の問題にはなりません。人事権の行使が正当であったかどうかだけの問題です。

☞　**人事権に基づく「降職」・「降格」**

　人事権に基づく「降職」は，人事上の組織付けの一環ですから，特に就業規則上の根拠や労働者の同意を必要とするものではありません。もっとも，その人事権の行使が権利濫用か否かという問題は残ることになります。

　その判断基準は，①使用者側における業務上・組織上の必要性の有無及びその程度，②能力・適性の欠如等の労働者側における帰責性の有無及びその程度，③労働者の受ける不利益の性質及びその程度，④当該企業体における昇進・昇格の運用状況等と説明されています（上州屋事件＝東京地判平11.10.29労判774-12，医療法人財団東京厚生会（大森記念病院）事件＝東京地判平9.11.18労判728-36等）。

　他方，人事権に基づく「降格」については，職能資格制（属人給）における資格の引き下げか，職務等級制（属仕事給）・役割等級制における等級の引き下げかによって，区別して考える必要があります。

　前者の場合には，会社が降格権限を取得するためには就業規則上の規定が必要であるとされています。これは本人が身につけた業務遂行能力は陳腐化しないとの考え方に基づきます（チェースマンハッタン銀行事件＝東京地判平6.9.14労判656-17，アーク証券事件＝東京地決平8.12.11労判711-57，小坂ふくし会事件＝秋田地大館支判平12.7.18労判796-74等）。その上で，その人事権の行使が濫用かどうか厳格に審査することとなります。

　後者の場合には，就業規則に記載がなくとも「手引き」や「ガイド

ブック」上に根拠があれば降格権限があると解されます（コナミデジタルエンターテイメント事件＝東京高判平23.12.27労判1042-15，Ｌ産業事件＝東京地判平27.10.30労判1132-20等）。そして，この等級の引き下げは当該制度の枠組み（規定）の中での人事評価の手続と決定権に基づいて行われる限り，使用者の裁量的判断に委ねられます。

		権限の保有	権限行使の濫用
降職	役職・職位の引き下げ	就業規則等不要 ※ただし労働契約上，役職・職位の限定がある場合はできない	大幅な裁量
降格	職務等級・役割等級の引き下げ	就業規則ではなく，ガイドライン等でも足りる	当該制度の枠組みの中での人事評価の手続と決定権に委ねられる
	職能資格の引き下げ	就業規則の根拠が必要	厳格な審査

第3節　労働契約の解消を前提とする懲戒

1　懲戒解雇

(1)　懲戒解雇と普通解雇の関係

ア　労働契約継続を前提とする懲戒と普通解雇

　労働契約継続を前提とする懲戒は，単に罰を与えるという意味だけでなく，その従業員に改善の機会を与えるという重要な要素を有しています。

　勤務態度不良を理由とする普通解雇事案において，裁判所は，会社側が労働者に対して注意・警告等の指導を行ったか，反省・改善の機会を与えたかを重要な正当性判断基準の１つとしています。そして，労働契約継続

を前提とする懲戒（特に譴責，減給等）は，まさにこの反省，改善機会の付与といった意義を併有することになります。このことは規律違反行為を理由とした普通解雇事案でも同様です。

したがって，懲戒処分も単なる制裁罰としてではなく，人事労務管理の一手法として捉えるべきであり，適時に有効な懲戒を実施することが重要となります。

イ　懲戒解雇と普通解雇の違い

懲戒解雇と普通解雇は，使用者（会社）による一方的な労働契約の解消という点では同じですが，全く異なる概念・手法です。しかし，実務では，両者を混同して理解している人が意外にも多くみられます。

一般的な契約解消手段である普通解雇は，信頼関係が喪失したため，契約関係を維持することができないとして将来に向かって契約を解消することです。離婚をイメージすればわかりやすいと思います。一方，懲戒解雇は，労働者の非違行為に対する制裁（罰）として契約を解消することです。また，労働者にとっての極刑を意味し，死刑のイメージとなります。懲戒解雇された事実は，労働者にとって再就職の大きな障害ともなり，不利益性が非常に高いものです。就業規則上も，普通解雇は「人事」の章に，懲戒解雇は「懲戒」の章に区別して規定されるのが一般的です。

また，懲戒解雇は，懲戒処分としての性質を有するとともに，解雇としての性質を有しているため，両者に関する法規制を受けます。そして，懲戒解雇は，普通解雇よりも大きな不利益を労働者に与えるものであり，解雇権濫用法理の適用上は，普通解雇よりも厳しい規制に服すものと考えられています。一般的には，懲戒解雇における企業秩序違反は，単に普通解雇を正当化させる程度のものでは足りず，「制裁として労働契約関係からの排除」を正当化させる程度に達してることを要すると考えられています*。

> ＊　東京地裁労働部（11部，19部，36部）の裁判官が執筆に参加した『労働事件審理ノート［第3版］』（山口，三代川，難波）においても，懲戒解雇と普通解雇で

は「その有効要件は異なる」と明確に述べられています。

したがって，懲戒規定の実際の運用にあたっては，非常に重大な企業秩序違反についてのみ懲戒解雇を選択し，軽微な懲戒事由の積み重ねに対しては，懲戒解雇は避けるべきです。

懲戒解雇を避けるというのは，労働契約を継続しろという意味ではありません。勤務態度不良が続いたり，軽微な業務命令違反が続いた場合は，譴責・減給・出勤停止等の懲戒処分をして改善のチャンスを与え，改善する見込みがない場合は，リスクの高い懲戒解雇ではなく，普通解雇によって労働契約を解消すればよいのです。この手続であれば，普通解雇の合理性は認められる可能性が高いといえます。

さらに，懲戒解雇であれば懲戒解雇をした後に理由（解雇事由）の追加ができないのに対し，普通解雇であれば理由の追加が許されるといった違いもあります。

ウ 懲戒解雇無効の場合の普通解雇の検討

裁判例をみると，ある企業秩序違反行為に対して行われた懲戒解雇が無効と判断されながら，予備的になされていた普通解雇が有効と判断されたものが多数存在します（大商学園事件＝大阪地判平8.12.25判タ946-198，モルガン・スタンレー・ジャパン・リミテッド（本訴）事件＝東京地判平17.4.15労判895-42等）。

もっとも，裁判において懲戒解雇の有効性が争われた結果，「懲戒解雇に処するには過酷にすぎ無効であるが，普通解雇としてであれば有効である。」と判断される場合に，懲戒解雇を普通解雇として転換すること，すなわち無効行為の転換が当然に認められるわけではありません。

裁判例の中には，当事者の内心の意思解釈を行い，懲戒解雇の意思表示に普通解雇の意思表示が内包されていると判断したものもありますが，普通解雇の意思表示が含まれていたか否かという点は，裁判官の心証によって左右されてしまうことが否定できないことに加え，近時の裁判例では普

通解雇の意思表示を内包していることの明示またはこれと同視し得る特別の事情まで要求するものもあります（日本通信事件＝東京地判平24.11.30労経速2162-8）。

やはり，実務としては，このような意思表示の内包論に頼らず，懲戒解雇通知時に明確に，予備的に普通解雇の意思表示をしておくべきです。

☞ **予備的普通解雇の事後的追加**

懲戒解雇の通知時に予備的に普通解雇の意思表示をしておらず，事後に普通解雇の意思表示を予備的に行ったケースでは，懲戒解雇無効・普通解雇有効と判断された場合に，懲戒解雇をしてから普通解雇の意思表示をするまでの期間についてバックペイ（賃金相当額の遡及的支払い）の支払いが生じる可能性が高い点に注意が必要です。

(2) 懲戒解雇と即時解雇の関係

ア 即時解雇とは

懲戒解雇も解雇ですから，労基法20条の適用があります。

（労働基準法）

第20条　使用者は，労働者を解雇しようとする場合においては，少くとも30日前にその予告をしなければならない。30日前に予告をしない使用者は，30日分以上の平均賃金を支払わなければならない。但し，天災事変その他やむを得ない事由のために事業の継続が不可能となつた場合又は労働者の責に帰すべき事由に基いて解雇する場合においては，この限りでない。

2　前項の予告の日数は，1日について平均賃金を支払つた場合においては，その日数を短縮することができる。

3　前条第2項の規定は，第1項但書の場合にこれを準用する。

労基法20条1項（解雇の予告）の但書の場合を即時解雇といいますが，懲戒解雇の場合には常に即時解雇が認められると誤解される傾向にあります。懲戒解雇＝但書の「労働者の責に帰すべき事由に基いて解雇する場合」との考えからこのように考えられているようです。

第3節　労働契約の解消を前提とする懲戒　29

　しかし，「労働者の責に帰すべき事由に基いて解雇する場合」とは，解雇予告制度により労働者を保護するに値しないほどの重大又は悪質な義務違反ないし背信行為が労働者に存する場合であって，企業内における懲戒解雇事由とは必ずしも一致しません。

　行政解釈（昭23.11.11基発1637号，昭31.3.1基発111号）によれば「労働者の責に帰すべき事由」とは，「労働者の故意，過失又はこれと同視すべき事由」をいうとされており，具体的には次のような事例が挙げられています。

① 　原則として極めて軽微なものを除き，事業場内における盗取，横領，傷害等刑法犯に該当する行為のあった場合。また一般的にみて「極めて軽微」な事案であっても，使用者があらかじめ不祥事件の防止について諸種の手段を講じていたことが客観的に認められ，しかもなお労働者が継続的に又は断続的に盗取，横領，傷害等の刑法犯又はこれに類する行為を行った場合，あるいは事業場外で行われた盗取，横領，傷害等刑法犯に該当する行為であっても，それが著しく当該事業場の名誉若しくは信用を失墜するもの，取引関係に悪影響を与えるもの又は労使間の信頼関係を喪失せしめるものと認められる場合。
② 　賭博，風紀紊乱（びんらん）等により職場規律を乱し，他の労働者に悪影響を及ぼす場合。また，これらの行為が事業場外で行われた場合であっても，それが著しく当該事業場の名誉若しくは信用を失墜するもの，取引関係に悪影響を与えるもの又は労使間の信頼関係を喪失せしめるものと認められる場合。
③ 　雇入れの際の採用条件の要素となるような経歴を詐称した場合及び雇入れの際，使用者の行う調査に対し，不採用の原因となるような経歴を詐称した場合。
④ 　他の事業場へ転職した場合。
⑤ 　原則として2週間以上正当な理由なく無断欠勤し，出勤の督促に応じない場合。
⑥ 　出勤不良又は出欠常ならず，数回に亘って注意を受けても改めない場合。

30　第3章　懲戒の種類と程度

　ただし，その判定にあたっては「労働者の地位，職責，継続勤務年限，勤務状況等を考慮の上，総合的に判断すべきであり，『労働者の責に帰すべき事由』が法第20条の保護を与える必要のない程度に重大又は悪質なものであり，従つて又使用者をしてかかる労働者に30日前に解雇の予告をなさしめることが当該事由と比較して均衡を失するようなものに限つて認定すべきものである。」としています。

　加えて，上記のような即時解雇事由があったとしても，解雇予告せず，予告手当も払わずに即時解雇する場合には，行政官庁の解雇予告除外認定を受ける必要があるとしています（労基法20条3項）。

☞　**除外認定がない場合の即時解雇の実務取り扱い**

　　行政官庁の認定がなくても，「労働者の責に帰すべき事由」として認定されるべき事実（即時解雇事由）があれば，即時解雇の効力が生じるとして，行政官庁の認定を受けていない即時解雇を有効と判断した裁判例があります（麹町学園事件＝東京地判昭30.6.21労民集6-3-327，グラバス事件＝東京地判平16.12.17労判889-52等）。

イ　即時解雇事由がない場合の対応

　即時解雇事由がない場合でも，すぐに解雇をしたければ，30日分の予告手当を労働者に支払って解雇するという対応もあります。当然，行政官庁の解雇予告の除外認定は受けません。

　即時解雇事由がない場合に，予告せず，予告手当も支払わずに解雇しても即時解雇としての効力は認められませんが，使用者が即時解雇に固執しない限り，解雇通知後30日が経過した時点，又は予告手当を支払った時点で解雇の効力が生じるとされています＊。

＊　会社が従業員に解雇予告をなさずに，解雇を通知した事案において，「使用者が労働基準法20条所定の予告期間をおかず，または予告手当の支払をしないで労働者に解雇の通知をした場合，その通知は即時解雇としては効力を生じないが，使用者が即時解雇を固執する趣旨でない限り，通知後同条所定の30日の期間を経過するか，または通知の後に同条所定の予告手当の支払をしたときは，そのいず

第3節　労働契約の解消を前提とする懲戒　31

れかのときから解雇の効力を生ずるものと解すべき」（細谷服装事件＝最判昭35.3.11判時218-6）であるとする判例があります。

　ただし，この方法は裁判例にもあるように，「即時解雇に固執しない」ことが前提です。除外認定の取得に時間と労力を費やすことのデメリット（除外認定は標準的な場合でも申請から2週間程度かかり，労基署によっては申請に関して労働者の自認書の提出を求めてくる場合もあります）を考慮すれば，予告手当を支払って解雇することにも十分な実務上のメリットがあるといえます。

(3)　懲戒解雇と退職金減額・没収
ア　退職金減額・没収の困難性
　退職金は，労働契約上当然に発生する権利義務関係ではなく，支給の有無については当該労働契約において合意があるかどうかによります。したがって，退職金の支給に条件をつけることも理論上可能であり，その典型的な場合が，懲戒解雇されないことを条件に退職金を支給するという合意です。

　もっとも，退職金規程等に懲戒解雇に伴う退職金の減額・没収の規定を設けたからといって，必ずしも懲戒解雇の際に有効に退職金を減額・没収できるとは限りません。裁判例の多くは，退職金について賃金の後払い的な性格も有していると判断しており，その性格から，退職金の減額・没収が有効となるのは，労働者の「それまでの勤続の功を抹消又は減殺するほど著しい背信行為」があった場合に限られるとしています。

　また，懲戒解雇に伴って退職金を没収した場合，裁判だけでなく，合同労組との集団労使紛争に発展する可能性も考えておく必要があります。懲戒解雇後に労働者が合同労組に助けを求めて加入するケースは，労働審判手続や紛争調整委員会のあっせんなど労働紛争の解決の場が整備されてきた今日においても少なくありません。この場合には当然，懲戒解雇の撤回

や退職金の支給をめぐる団体交渉や争議行為に発展するリスクがあります。

そこで，実務的には，「何が何でも懲戒解雇，退職金没収」という対応ではなく，退職届を受け取って退職金の2分の1を支給する（2分の1を放棄する旨の放棄書を受け取る）など，トラブルを避けるための対応も検討することが重要であるといえます。また，柔軟な対応という観点からは，退職金没収規定のみ設けている会社は，「懲戒解雇処分を受けた場合は，退職金を没収又は減額することがある」などと減額規定を新設すべきと考えます。このように規定の変更をしたとしても，労働者にとって有利な変更となりますので，不利益変更（労働契約法10条）の問題は発生しません。

☞　近時，裁判所が退職金の支払い割合にまで言及する事案が増加しています。例えば，小田急電鉄事件＝東京高判平15.12.11労判867-5では，鉄道会社社員に対する私生活上の痴漢行為を理由とした懲戒解雇を有効としましたが，退職金没収については，それまでの勤続の功を抹殺するほど強度な背信性を持つ行為であるとまではいえないとして，横領事案において3割の退職金を支給した過去事例を参考に，会社側に退職金の3割（約276万円）を支払うよう命じました。

イ　実務上の問題

実務上のトラブルとして，懲戒解雇事由があったにもかかわらず，懲戒解雇処分をする前に退職されてしまうといったケースが存在します。多くの会社は「懲戒解雇処分を受けた場合は退職金を支給しない」と規定しており，懲戒解雇をする前に退職されてしまうと，先に退職金請求権が発生してしまい退職金を没収できないという問題が発生します。この場合の対応は退職金の支給状況に応じて2通り考えられます。

1つは，懲戒解雇処分とする前に退職されてしまったが，まだ退職金を支給していない場合です。退職金の支給は退職から1ヶ月後くらいとされる会社が多いので，退職されてしまっても退職金は未支給というケースは少なくないはずです。

この場合，重大な背信性が認められる事案であれば，退職者からの退職

金請求権を権利濫用として不支給にできる可能性があります。

　もう1つは，既に退職金を支給してしまった場合です。この場合，退職金の返還請求ができるかどうかがポイントですが，「懲戒解雇処分を受けた場合」のみ退職金を支給しないという規定では返還請求はできないと考えます。返還請求まで視野に入れるのであれば，「懲戒解雇事由がある場合については，退職金を支給しない」とした上で，「既に退職金が支給されている場合は，その全部又は一部の返還を求める」などといった返還規定まで設けておくべきです。なお，仮にそのような規定があったとしても，やはり裁判所では重大な背信性があるかどうかを基準に判断されます。

2　諭旨解雇

　「諭旨解雇」とは，懲戒解雇相当の事由がある場合で本人に反省が見られる場合に，解雇事由に関し本人に説諭して解雇するものであり，懲戒解雇を若干軽減した懲戒処分です。

　解雇するのになぜ諭すのかという気もしますが，諭旨解雇も懲戒解雇同様，再就職にあたって負のイメージの烙印を押すことになります。

　諭旨解雇の場合も，退職金については減額又は没収することがありますが，減額と規定している会社が多いようです。また，懲戒解雇との違いをはっきりさせるためには，やはり減額にとどめるべきと考えます。なお前述のとおり，退職金を減額する場合でも，減額しなければならない重大な背信性がある事由かどうかの議論があることに，注意が必要です。

　諭旨解雇について，使用者側は，懲戒解雇を減じた意識を有していますが，懲戒で労働契約を解消することに変わりはなく，紛争発生のおそれ，そして訴訟における敗訴リスクは懲戒解雇とそれほど大きな差はないといえます。

3　諭旨退職

　「諭旨退職」も懲戒処分の１つですが，諭旨解雇と異なり，退職願若しくは辞職届の提出を勧告し，即時退職を求めるものです。この諭旨退職に際しては，所定の期間内に勧告に応じない場合には懲戒解雇するという取り扱いをしている企業も多いようです。

　ただし，諭旨退職により出される退職届は，通常の本人意思による辞職に伴う退職届ではありません。したがって，諭旨退職という懲戒処分の有効性が裁判で争われることがあります（菅野『労働法〔第11版補正版〕』664頁）。また，退職勧奨による退職届の提出と混同している人も少なくありません。「懲戒解雇事由はあるけれども，あなたの将来を考えれば退職届を出した方がよい」といって退職届を自主的に出させるのは，諭旨退職ではなく，本来の辞職を勧めている行為（退職勧奨）です。

　諭旨退職はあくまでも懲戒処分ですから，処分を行うにはその制度が懲戒規定に定められている必要があります。しかし一方で，それが規定されていると，退職勧奨による退職届の提出である（したがって，基本的に民法上意思表示の瑕疵が認められる場合のみ無効となる）にもかかわらず，同規定の存在を理由に上記提出も諭旨退職であると捉えられてしまい，懲戒枠組で厳しく有効性を議論されてしまう（ひいては，その結果として無効と判断されてしまう）というリスクが生じます。ですから，懲戒規定に諭旨退職の規定はあえて設けず，懲戒解雇事由があっても退職届を提出するなら受け取るという対応が実務的ではないかと思います。これならば懲戒ではありませんから，懲戒処分としての有効性についての議論も出てきませんので，トラブルに発展するリスクは低いといえます。

　しかし近年，本人から退職届を受け取ったにもかかわらず，トラブルに発展するケースが増えてきました。それは，「強迫」による退職の意思表示の取消，又は「錯誤」による意思表示の無効の主張です。退職後に「懲

戒解雇事由に該当するといわれたので、懲戒解雇されるよりは自ら退職届を出した方がよいと考えた。しかし、会社側には懲戒解雇する意思はなく、脅しだった」と訴えられるケースなどです。裁判例の中には、この強迫や錯誤を認めた事例もあります。つまり、懲戒解雇を前提に退職届の提出を求める場合は、前提となる懲戒解雇が有効でなければ、退職届の有効性も認められないおそれがあるということです。

☞ **失業保険との関係**

退職者がハローワークにおいて失業保険給付の手続きを行う場合、離職理由が「会社都合」か「自己都合」かによって、失業保険の受給開始日や受給期間が異なります。会社都合による退職の場合には7日間の待機期間経過後すぐに失業保険を受給することができますが、自己都合退職の場合には7日間の待機期間の他に3ヶ月間の給付制限期間があり、それらを経過した後でなければ失業保険を受給できません。

また、会社都合の場合の方が自己都合の場合に比べて、給付日数も多く、より多くの給付金を受領することができます。

会社から退職勧奨を受けて退職する場合や普通解雇の場合には「会社都合」での退職と整理されますが、懲戒解雇や諭旨解雇の場合には「被保険者（労働者）の責めに帰すべき重大な理由による解雇」、いわゆる重責解雇に該当すると判断された場合には、「自己都合」と同様の給付日数、給付制限期間となります。

では、どのような場合に重責解雇と判断されるのかというと、ハローワークの実務運用としては、労働基準監督署で解雇予告手当の除外認定を受けている場合に重責解雇として判断しているようです。また、除外認定を受けていない場合でも会社からの申立てによって重責解雇と判断される場合もあるとのことで、例えば、多額の横領をしたなどの重大な非違行為があり、本人に与えた弁明の機会において本人も事実を認めているというようなケースでは、その議事録を資料として提出することで重責解雇と認定される場合もあるようです。

他方で、諭旨退職によって退職届が提出されたような場合には、通常の自己都合退職と同様に処理されることが一般的だそうです。

第4章
懲戒事由

第1節　服務規律違反

　使用者が懲戒権を行使するためには，前述の懲戒の種別（種類と程度）を定めるだけでなく，どのような行為が懲戒の対象となるのか，すなわち懲戒事由を定めなければならないことは既に説明したとおりです。

　そして，その懲戒事由は，懲戒が企業秩序に違反する又は違反するおそれのある行為に対して実施される不利益措置であることから，当然に企業秩序違反となり得る行為類型が定められることになります。

　企業秩序違反となり得る行為類型は，既に説明したとおり，そのような行為を行ってはならないという意味で，従業員の行為規範として，就業規則の服務規律として規定しているのが通例です。そして，広義の意味での服務規律は，企業秩序とほぼ同一概念であることも既に第2章第1節で説明したとおりです。

　したがって，懲戒事由は，服務規律違反行為をその内容とすることになります。

　服務規律の規定については，巻末資料1（就業規則規定例）第8章，そして，懲戒事由の規定については，巻末資料1（就業規則規定例）第11章を参照してください。

第2節	私生活上の非行は懲戒事由となり得るか

　ここで特に問題とされるのが，私生活上の非行——これを「企業外非行」ということもあります——に対して懲戒処分を実施できるのかという点です。

　懲戒権は，企業秩序を維持するために使用者に認められた権限ですので，企業秩序違反又はそのおそれがない場合には，懲戒処分をすることはできません。そのため，誤解をおそれずにいえば，企業外非行は，原則として懲戒の対象とはなりません。菅野和夫教授も，「従業員の私生活上の言動は，事業活動に直接関連を有するものおよび企業の社会的評価の毀損をもたらすもののみが企業秩序維持のための懲戒の対象となりうるにすぎない。」（菅野『労働法〔第11版補正版〕』670頁）としています（私生活上の非行行為に対する懲戒については，第7章第16節で詳しく説明します）。

　もっとも，ある具体的な事案について，企業「外」非行と企業「内」非行のいずれに区分すべきかという判断には，難しい問題もあります。この問題について，行為態様の面から「内」又は「外」の判断のポイントを整理するとすれば，

① 就業時間中の行為か

② 企業施設内の行為か

③ 従業員間の行為か（事案によっては，従業員の家族や友人の場合も考えられる）

④ 取引先ないし顧客に対する行為か

⑤ 取引先の事務所，顧客の自宅等での行為か

⑥ 会社の管理下にある「社宅」での行為か

⑦ 出張中に会社が費用を負担するホテルの室内での行為か

⑧ （飲酒事故のような場合は）車両が会社所有か

38　第4章　懲戒事由

などが，考慮の対象になるのではないかと考えます。

　すなわち，時的関係，場所的関係，人的関係，そして物的関係から企業
秩序維持との関連で直接的に処分対象となるかを捉えるべきと考えます。

【企業内非行と企業外非行】

企業内非行　　　　　　　　　　企業外非行

↓　　　　　　　　　　　　　　↓

企業秩序への影響が直接的　　　企業秩序への影響が直接的でない
→原則：懲戒対象　　　　　　　→原則：懲戒対象外
　　　　　　　　　　　　　　　　例外：①非違行為が事業活動に直接関連
　　　　　　　　　　　　　　　　　　　②企業の社会的評価を毀損

第5章
就業規則の規定の仕方

第1節　懲戒基準の作成について

　昨今，各具体的な懲戒事由ごとに懲戒の種類を決めて，基準を作成しようとする企業がみられます。

　しかし，懲戒処分の実施に際しては，企業秩序違反又はそのおそれのある対象行為及びその結果のほか，当該企業の規模や業種，過去の懲戒実施例，行為に至った動機等の事情も考慮されることを考えると，各具体的な懲戒事由ごとに懲戒の種類を決めてしまうと，使用者の裁量を不必要に狭めてしまい，懲戒の運用を硬直化させてしまうおそれがあります。

　もっとも，労働契約継続を前提とする懲戒と労働契約解消を前提とする懲戒では，労働者が被る不利益の程度が全く異なることから，両者の懲戒事由は区別して規定すべきです。

　そこで，①譴責，減給，出勤停止，降格等についての懲戒事由と②懲戒解雇や諭旨解雇についての懲戒事由を区別した規定，すなわち懲戒事由を二分した形での規定が適当であると考えます。

　その上で，諭旨解雇や懲戒解雇のように契約解消を予定する懲戒事由については，情状により，雇用継続を予定する譴責や減給，出勤停止等の処分とすることができると規定されていれば，一定の合理的な基準はつくられているといえます。

　それでもなお，規定の二分型ではなく，細かに規定をしたいということ

であれば，存続を前提とする懲戒を①譴責・減給と，②出勤停止・降格とに区分し，三分型での規定の仕方が考えられます（巻末資料2参照）。

☞ **軽微な懲戒事由が繰り返された場合の対応**

　これまでは，懲戒処分が積み重ねられた場合，つまり譴責，減給，出勤停止等の懲戒をしたけれども改善の見込みがないといったケースにおいて懲戒解雇処分にしたという事案が有効と判断されていました。

　懲戒解雇は極刑を意味するといいましたが，刑事事件に例えれば，何度か窃盗を繰り返すと死刑になったということです。

　しかし，実際の刑事事件では，窃盗を繰り返したからといって，死刑にはならないはずです。懲戒も同様と考えるべきです。したがって，今後，懲戒処分をするにあたっては，その懲戒事由に相当な懲戒の種類や程度を選択する適正手続をとるべきです。そのためには，まず懲戒解雇や諭旨解雇の懲戒事由と，それ以外の懲戒事由をきちんと分ける必要があります。

　そして，非常に重大な企業秩序違反についてのみ懲戒解雇を選択し，軽微な懲戒事由の積み重ねに対しては，懲戒解雇は避けるべきと考えます。もっとも，懲戒解雇を避けるといっても，普通解雇での対応を検討し得ることは既に説明したとおりです。

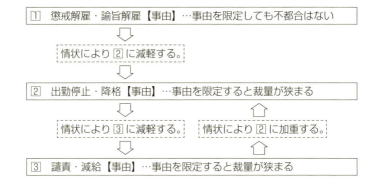

第2節 実務における留意点

　以上の他にも就業規則規定時には，次の2点にも留意すべきです。

　1点目は，包括規定についてです。就業規則に懲戒事由を個別に列挙したとしても，すべての企業秩序違反行為を網羅することは困難です。そこで，具体的な懲戒事由には直接的に該当しないような場合でも懲戒権を取得できるよう，包括的な懲戒事由の規定を設けるべきです。これは実務上必須と考えます。

　なお，懲戒解雇を選択せざるを得ない場面もあること，懲戒解雇こそ事由該当性を厳しく判断されることからすれば，懲戒解雇でも包括規定は設けるべきです。懲戒解雇では「その他前各号に準ずる程度の不都合な行為があったとき」と規定し，他方普通解雇では「その他会社の従業員（正社員）として適格性がないとき」と規定すれば，その対比上，後者と異なり前者は「前各号に準ずる」という限定がかかっていることから，前者の方が規制は厳格であって，かつ労働者の予測可能性も確保されているといえます。

　2点目は，懲戒手続に関する規定です。適正手続保障の見地からは懲戒処分に際して懲戒対象者に弁明の機会を与えることが望ましいといえます。しかし一方で，すべての懲戒処分において弁明の機会付与を義務付けると，懲戒手続が煩雑になり，懲戒権の発動が硬直化することになります。そこで，弁明の機会付与を規定上定めるのであれば，重大な懲戒事由に該当し懲戒解雇や諭旨解雇のような重い処分となる可能性がある場合に限定すべきと考えます。

　懲戒手続に関する詳しい説明は第6章第5節を参照してください。

第6章
懲戒処分の有効性

第1節　労働契約法15条

（労働契約法）
第15条　使用者が労働者を懲戒することができる場合において，当該懲戒が，当該懲戒に係る労働者の行為の性質及び態様その他の事情に照らして，客観的に合理的な理由を欠き，社会通念上相当であると認められない場合は，その権利を濫用したものとして，当該懲戒は，無効とする。

　労働契約法15条は，懲戒処分に関する権利濫用禁止の原則について定めています。労働契約上，使用者が労働者に対する懲戒権を保有すると認められる場合であっても，その懲戒権の行使が権利濫用に当たる場合には，当該懲戒処分は無効となります。

　そして，同条は，懲戒権の行使について，

①　当該懲戒に係る労働者の行為の性質
②　当該懲戒に係る労働者の行為の態様
③　その他の事情

を踏まえて，その行使が権利濫用となるか否か判断するとしています。

　この条文は，ダイハツ工業事件＝最判昭58.9.16労判415-16＊などの判例や裁判例の蓄積を法文化したものです。

　＊　最高裁も，「使用者の懲戒権の行使は，当該具体的事情の下において，それが

客観的に合理的理由を欠き社会通念上相当として是認することができない場合」には，権利の濫用として無効となるとしています。

第2節　懲戒権行使に内在する制約

1　罪刑法定主義

　使用者が懲戒権を行使するためには，その理由となる事由と，これに対する懲戒の種別が就業規則上明記されている必要があることは既に説明しました（第2章第2節）。

　これは刑法の「罪刑法定主義」と同様の意味を有します。罪刑法定主義とは，どのような行為が犯罪となり，その犯罪に対してどのような刑が科せられるかについて，あらかじめ法律によって定めておかなければならないとする刑法の基本原則です。この基本原則の趣旨は，「どういう行為をしたら犯罪となって，どのくらいの罪になるのか」ということをあらかじめ明確にすることで，予測可能性を与え，ひいてはその他の行動の自由を保証することにあります。

2　不遡及の原則

　このように，懲戒には，罪刑法定主義と同様の制約が働き，あらかじめ就業規則で懲戒の種別と事由を定めておかなければならないとしているため，この根拠規定は，当該規定が設けられる以前の事案に対してさかのぼって適用してはなりません。これが罪刑法定主義の派生原理である「不遡及の原則」です。

3 一事不再理の原則（二重処罰禁止の原則）

　同一の事案に対して，2回懲戒処分を行うことはできません。これを「一事不再理の原則」といいます＊。

> ＊ **一事不再理の原則と二重処罰禁止の原則の違い**
> 　一事不再理の原則とは，ある刑事事件について既に確定した判決がある場合，その事件については，再び審理をすることが許されないとする原則であり，二重処罰禁止の原則とは，同一の犯罪について，重ねて刑事上の責任を問われないという原則をいい，厳密には違う適用場面を想定した法原則といえます。
> 　しかし，実務では，同様の意味に使用されていることもあり，本書も厳密にこの差を意識せず説明していきます。

　なお，裁判例の中には，一事不再理の原則に反しないとしながらも，信義誠実の原則に反するとして，後続の懲戒処分を無効と判断したものがあります。一旦処分しない旨を決定した後に，後から蒸し返して処分するような場合も，信義誠実の原則に反し許されないといえます。

> ◆ **国立大学法人乙大学事件＝東京地判平23.8.9労経速2123-20**
> 　大学（被告）に勤務する国語教師であった教諭（原告）が，大学の入試試験の際に採点漏れがあった事実を認識しながら，これを管理職等に報告せず，また，他の教諭に口止めをして隠蔽したことを理由に停職処分とされた事案において，裁判所は，当該停職処分前になされた訓告処分と同一の事実を懲戒事由とするものであって，二重処分ないし信義則違反に該当するとの原告の主張について，訓告処分は単純な採点ミスという過失行為を対象としており，「本件訓告処分の対象行為に『故意による不報告ないし隠蔽』が含まれていると解することは困難であるというほかはない」として，「本件停職処分は，二重処分禁止（一事不再理の法理）には違反しない」と判示しました。もっとも，「本件訓告処分前，被告においては本件入学試験との関係で相当程度の調査が行われており，原告に対しても2度にわたる聞き取り調査が行われていたこと（略）や，本件停職処分前，既に，本件訓告処分のほか，自宅待機命令や附属学校支援室での勤務命令等，かなりの人事上の不利益が原告に科されていたこと（略）をも併せ考慮すれば，原告が，本件入学試験関連での処分は本件訓告処分限りであると信じたことにも相

当な理由があると認められる。にもかかわらず，さらに，被告が原告に対し本件停職処分という重い処分を科したことは，他に特段の事情の認められない本件においては，信義誠実の原則に反し，また，懲戒処分に求められる社会的相当性を欠くものとして懲戒権の濫用に当たる」として，当該停職処分を無効と判示しました。

第3節　懲戒事由該当性

1　企業秩序違反行為

懲戒処分を検討するにあたっては，まず，当該行為が企業秩序違反又はそのおそれのある行為といえるかどうかを判断し，どの懲戒事由に該当するかということを考えます。

もっとも，「その他前各号に準ずる事由」といった包括的な懲戒事由を定めている企業も多くありますので，形式的な該当性は認められるケースがほとんどかと思います。

しかし，裁判所は，当該具体的行為が懲戒処分の対象となる事由に該当するかどうかの判断にあたって，就業規則の文言をそのまま受け入れることはせず，労働者保護の見地から限定解釈する傾向にあります。

この点は，第7章で個別の懲戒事由を解説していく中で，触れたいと思います。

2　懲戒事由の追加に関する個別論点

(1)　懲戒処分後に判明した事実の処分理由への追加

懲戒処分の有効性が裁判で争われた場合に，処分時には使用者が認識し

46 第6章 懲戒処分の有効性

ていなかった事実が，その後の調査等で明らかになったとして訴訟において処分理由として追加する，あるいは差し替えて主張することができるかという問題があります。この点については，次のように最高裁が特段の事情がない限り否定していますから，注意する必要があります。

◆ 山口観光事件＝最判平8.9.26労判708-31

　　懲戒解雇後に判明した事実（年齢詐称）を処分理由に追加した事案において，裁判所は，「使用者が労働者に対して行う懲戒は，労働者の企業秩序違反行為を理由として，一種の秩序罰を課するものであるから，具体的な懲戒の適否は，その理由とされた非違行為との関係において判断されるべきものである」とした上で，「懲戒当時に使用者が認識していなかった非違行為は，特段の事情のない限り，当該懲戒の理由とされたものでないことが明らかであるから，その存在をもって当該懲戒の有効性を根拠付けることはできないものというべきである」とし，さらに，「本件懲戒解雇当時，上告人において，被上告人の年齢詐称の事実を認識していなかったというのであるから，右年齢詐称をもって本件懲戒解雇の有効性を根拠づけることはできない」と述べて，懲戒解雇を無効と判示しました。

　この最高裁判例は，「特段の事情」がある場合に，例外的に処分理由の追加を認めていますが，ここでいう「特段の事情」としては，労働者の反復継続された多数の非違行為をまとめて懲戒の対象としているような場合に，具体的事実としてはいまだ懲戒権者に判明していなかった同種の行為が後に明らかになった場合等が考えられます（前掲山口観光事件判例解説（判時1582-131）参照）。

⑵ 懲戒処分時に認識していたが告知されなかった事実の処分理由への追加

　懲戒当時に認識していた非違行為で，懲戒解雇の際に告知されなかった事実の追加主張については，

　　①告知された非違行為と実質的に同一性を有し，

　あるいは，

　　②同種若しくは同じ種類に属すると認められるもの

または

③密接な関連性を有するものである場合

のいずれかを満たす場合には，それをもって当該懲戒の有効性を根拠付けることができるとするのが裁判例の傾向です（上記3要件を前提として追加を認めた例として富士見交通事件＝東京高判平13.9.12労判816-11，追加を否定した例としてニューロング事件＝東京地判平24.10.11労判1067-63）。

◆　富士見交通事件＝東京高判平13.9.12労判816-11

　　タクシー乗務員として勤務し，かつ組合の副支部長でもあった従業員が，執行委員会終了後に同委員会を欠席した支部長に報告を行うため，終業時刻まで正常勤務に就かなかったところ，正常勤務を怠ったことが職場放棄に該当するとして懲戒解雇された事案において，会社が，第一審の準備書面で，営業車両メーターの不正操作及び飲酒運転の事実を追加主張した点について，裁判所は，使用者は，当該労働者の非違行為のうち，懲戒解雇前に行われたものすべてについて認識し，これを懲戒解雇事由とする意思であったが，これが多岐にわたるため，懲戒解雇を最終的に決定する契機となった事由のみを解雇通告書に記載したに過ぎず，懲戒解雇事由を記載した事由に限定する趣旨ではなかったとして，通告書に記載されていない非違行為についても懲戒解雇の有効性の根拠となるとしたうえで，職場離脱と飲酒運転は，他の非違行為ともども，勤務態度の劣悪さを示すものであって，一体として密接な関連性を有するものとみることができると述べ，結論として懲戒解雇を有効と判示しました。

◆　ニューロング事件＝東京地判平24.10.11労判1067-63

　　解雇当時，被告会社の海外事業部部長職で，海外現地法人のディレクター職を兼務していた従業員が，ⅰ競合会社との取引を隠蔽して行ったこと，ⅱ被告会社の了解をとらずに無断で個人の会社をニューロング・ドバイの店内に設立したこと，ⅲ弁護士を雇い被告会社の商標権の偽造を画策していること，ⅳ会社の管理する預金の横領の疑いがあることを理由に懲戒解雇された事案において，被告会社が，解雇通知に記載されたⅱについて，実質的には被告会社の了解を取らずにＣ社の業務を行い，資金を流用したという趣旨であると主張したところ，裁判所は，「『無断で個人の会社をニューロング・ドバイ店内に設立したこと』という告知内容は，自らの会社の設立を非違行為の核心とするものであるところ，いかにこれを実質的に解釈したとしても，それが『被告の了解を取らずにＣ社の業務を

48 第6章 懲戒処分の有効性

行い，資金を流用したこと』という事由と実質的に同一性を有し，あるいは同種若しくは同じ類型に属すると認められるもの又は密接な関連性を有するものと解することはできない」として，横領の事実を懲戒処分の有効性を根拠づける事実とすることを否定し，懲戒解雇を無効と判断しました。

第4節　懲戒処分の相当性

1　懲戒の種類・程度（量定）の相当性 ── 相当性の原則

懲戒の種類や程度は，企業秩序違反又はそのおそれのある当該対象行為の性質及び態様その他の事情に照らして相当なものでなければなりません。これが「相当性の原則」です。使用者が，当該行為や懲戒処分対象者に対する情状を適切に斟酌せずに重すぎる量刑を科した場合には，懲戒権の濫用と判断されます。

例えば，無断欠勤等の軽微な懲戒事由については，その行為を繰り返し行っていたとしても譴責や減給といった労働契約継続を前提とする懲戒処分が相当で，懲戒解雇することはできないと考えます。

ただし，注意と懲戒処分を数度行ったにもかかわらず改善の余地がない場合には，従業員不適格として普通解雇事由には該当することになります。

ですから，すでに説明したとおり，労働契約解消を前提とした懲戒事由と，契約存続を前提とした懲戒事由を分けておき，契約存続を前提とした懲戒事由に該当する行為が繰り返された場合には，普通解雇を検討すればよいと考えます。

2 懲戒の量定の基本的考え方

　企業秩序違反又はそのおそれのある行為に対して，どの懲戒の種類を選択するのか（例えば，譴責か出勤停止か），どの程度の処分をするのか（例えば，出勤停止１日か７日か），また，懲戒解雇事由に該当する行為について契約存続を前提とする懲戒に軽減する必要があるかなど，懲戒の量定に関する判断は実務において非常に難しいものです。

　この点に関する基本的な考え方は，第１節で触れたとおり労働契約法15条の規定から読みとれます。

　同条は，懲戒権の行使が権利濫用であるか否かについて，当該懲戒に係る①労働者の行為の性質，②労働者の行為の態様，③その他の事情に照らして判断するとしています。

　このうち②と③の要素は，まさに個別事案ごと異なりますが，①の要素は，その行為が有する非行性の程度をおよそ一般化できるのではないかと考えます。例えば，業務命令違反の場合，出張命令拒否という性質であれば，選択される懲戒の種類としては譴責又は減給程度が基本ですが，転勤命令拒否という性質であれば，懲戒解雇が基本的に選択されるといったような考え方です。

　また，②と③の要素も含んだ懲戒の量定の参考になると考えられるのが，国家公務員の懲戒処分に関する人事院通知「懲戒処分の指針」（平12.3.31職職 -68，巻末資料３）です。同指針は，具体的な処分量定の決定に関し，一定の考え方を示しています。

　それによると，具体的な処分量定の決定にあたっては，

(1)　非違行為の動機，態様及び結果

(2)　故意又は過失の度合い

(3)　非違行為を行った職員の職責，及び非違行為との関係でのその職責の評価

(4) 他の職員及び社会に与える影響

(5) 過去の非違行為歴

等のほか，適宜，日頃の勤務態度や非違行為後の対応等も含め総合考慮して判断するとされています。

その上で，それらの考慮要素の評価によっては標準的な処分量定よりも加重・軽減することがあり得るとし，

処分量定をより重くする事情として，

(1) 非違行為の動機若しくは態様が極めて悪質であるとき又は非違行為の結果が極めて重大であるとき

(2) 非違行為を行った職員が管理又は監督の地位にあるなどその職責が特に高いとき

(3) 非違行為の公務内外に及ぼす影響が特に大きいとき

(4) 過去に類似の非違行為で懲戒処分を受けたことがあるとき

(5) 処分の対象となり得る複数の異なる非違行為を行っていたとき

が挙げられ，

処分量定をより軽くする事情として，

(1) 職員が自らの非違行為が発覚する前に自主的に申し出たとき

(2) 非違行為を行うに至った経緯その他の情状に特に酌量すべきものがあると認められるとき

が挙げられています。

この考え方は懲戒の量定を判断するにあたって参考となりますが，この基準は国民の全体の奉仕者である公務員に対する懲戒処分を前提とするものですので，民間企業の懲戒とは決定的に異なる要素が含まれていることには注意が必要です。すなわち，「社会に与える影響」「公務外に及ぼす影響」という要素は民間企業の場合には直ちに量定に影響するとは考えるべきではありません。あくまで当該企業秩序が乱れたか，そのおそれがあったかどうかで判断すべきといえます。

☞ 実務での量定判断のポイント

当該非違行為に対して，様々な事情を斟酌して適正な懲戒の量定を判断することは，非常に難しい作業だといえます。

しかし，実務において，この量定を判断する上での一番の関心事は，この懲戒処分の有効性について，労働者に争われるか否か，すなわち訴訟をも含む，個別労働紛争に発展するか否かにあるといっても過言ではないといえます。

そして実務では，懲戒解雇や諭旨解雇のように労働契約解消を伴う懲戒以外は，（降格に伴って大きく賃金額が低下する場合等は別として）労働者から争われる確率は非常に低いものと思います。

それは，その懲戒無効を争うコストが弁護士費用等を含めてあまりにも高いものであり，争うメリットが少なく，加えて，争うことは使用者との決定的な対立となり，将来の処遇に悪影響が出るというデメリットがあまりにも大きいからです。もっとも，労働組合が存在し，その懲戒が不当労働行為性を帯びる内容であれば，当然，労働組合とのトラブルになります。

したがって，実務では，まさに懲戒解雇・諭旨解雇といった契約解消を伴う懲戒処分について，量定が重すぎるとして無効にならないか否かを慎重に考えることが重要になるといえます。

懲戒の有効性を巡って争われる裁判例を見ても，懲戒解雇等が重きに過ぎないかで争われるものが非常に多いと筆者は感じています。

そうはいっても，労働契約の存続を前提とする懲戒について，使用者が恣意的になってよいといっているわけではありません。企業と従業員との間の信頼関係なしに円滑な業務運営は望めませんので，その観点から適正な量定を心がけるべきです＊。

＊　なお，普通解雇の有効性判断との関係で，反省の機会として与えた軽微な懲戒処分の有効性が問題となることはあり得ます。詳しくは第7章第7節で説明します。

52　第6章　懲戒処分の有効性

3　公平性 ―― 平等取扱いの原則

(1)　平等取扱いの原則

　同様の非違行為に対しては，同一種類・同一程度の懲戒とすべきです。これを「平等扱いの原則」といいます。したがって，懲戒を行う際には，過去の同種事案に対する懲戒の内容を踏まえる必要があります。

　ここで必要となるのが，過去の懲戒の記録です。平等扱いの原則からも懲戒の記録は必ず残しておき，照会できるようにしておくべきです。なお，一見同様の違反行為であっても，個別事情によっては懲戒の程度が異なることもあり得ます。したがって，実務的には，その個別事情をも記録として残し，その事案に応じた懲戒処分が可能になるようにしておくことが重要です。

(2)　過去との決別手続

　これに対して，これまで黙認してきた行為に対して懲戒を行う場合や，懲戒の程度を変更する（重くする）場合には，過去の取り扱いを変えることになりますので，事前に十分な警告を行う必要があります。

　例えば，経営者が代わった百貨店で，釣り銭を顧客に渡さず着服した場合，これまでは降格や減給という甘い処分がされてきましたが，新しい経営者が「たとえ少額でも着服した者は懲戒解雇とすべきである」と主張したとします。

　この事例において，確かに，平等扱いの原則に従えば，懲戒解雇することはできません。しかし，必ずしも過去に拘束されるわけではありません。先例と決別すればよいのです。その方法が社員に対する周知徹底です。「今後は，少額でも着服した者は懲戒解雇処分とする」ことを全社員にあらかじめ通知し，周知徹底すれば，それ以降の行為についてはこれまでと異なる取り扱いをすることができます。もちろん，その非違行為に適用す

る懲戒の程度として客観的に相当性があることが前提です。

第5節　適正手続（弁明の機会，賞罰委員会設置の要否等）

　懲戒処分は，使用者による労働者に対する一方的な不利益処分ですから，懲戒権の発動にあたっては，刑事処分に準じた適正な手続が要求されます。

　特に就業規則や労働協約等で，本人に対する弁明の機会の付与，賞罰委員会の開催，組合との事前協議等の手続規定が定められている場合には，その手続を遵守しなければなりません。その手続に瑕疵があれば，原則その懲戒は無効となります。

◆　千代田学園事件＝東京高判平16.6.16労判886－93

　　就業規則に定められた賞罰委員会による推薦又は申告がなされていないこと，及び，原告らに弁明の機会が与えられていないことが懲戒解雇の効力に影響を与えるのかが争点となった事案において，裁判所は，本件懲戒解雇は賞罰委員会の推薦又は申告により行われたことを認めるに足りる証拠はなく，また，弁明の機会を与えていないから，本件懲戒解雇は，就業規則及び賞罰委員会規則に反するとした上で，「本件懲戒解雇には就業規則及び賞罰委員会規則を無視した重大な手続違反があるから，その余について判断するまでもなく，本件懲戒解雇は無効である。」と判示しました。

　もっとも，このような手続が就業規則等に定められていない場合にまで同手続を経ることが必ずしも要求されるわけではありません。

1　弁明の機会の付与

　適正手続の中でも特に重要なのが，本人に対して懲戒事由を告知して弁明の機会を与えるということです。就業規則上，弁明の機会を与えることが制度化されている企業も少なくありません。

54 第6章 懲戒処分の有効性

(1) 規定がある場合

　就業規則等において弁明の機会の付与が規定されているにもかかわらず，そのような手続が行われなかった場合には，上記の裁判例にもあるとおり，懲戒は無効と判断される可能性が高いといえます。

　したがって，手続規定を創設した場合には，その手続を必ず実施することが必要です。

　なお，就業規則等に定められた厳格な意味での弁明付与手続を経ていない場合であっても，実質的に当該従業員から事情聴取し，弁明の機会を与えていると認められる場合には，懲戒処分を無効としなかった裁判例もあります。

◆　学校法人関西大学(高校教諭・停職処分)事件＝大阪高判平20.11.14労判987-79
　　修学旅行（スキー学舎）の引率中，夕食時に飲酒を行った高校教諭に対する停職処分（3ヶ月）が著しく重きに失し無効とされた事案ですが，懲戒委員会において弁明の機会が与えられておらず職員懲戒規定に違反するとの教諭の主張については，懲戒委員会が設置した調査部会において事情聴取がなされ，懲戒処分の決定機関である理事会において弁明の機会が与えられていたことなどをもって，本件停職処分に至る手続が違法であるとは認められないと判示しました。

(2) 規定がない場合

　一方，就業規則等に規定がない場合には，弁明の機会を付与しないことをもって直ちに懲戒手続が違法ということはできないとした裁判例があります。

◆　日本ヒューレットパッカード事件＝東京地判平17.1.31判時1891-156
　　従業員がセクハラ行為を理由に懲戒解雇された事案において，裁判所は，セクハラ行為の事実を否認し，また手続的要件を履践していないため懲戒解雇は無効であるとの原告の主張について，「被告の就業規則には，従業員を懲戒処分するに当たって，被懲戒者に弁明の機会を与えなければならないとの規定は存在しない。確かに，一般論としては，適正手続保障の見地からみて，懲戒処分に際し，被懲戒者に対し弁明の機会を与えることが望ましいが，就業規則に弁明の機会付与の規定がない以上，弁明の機会を付与しなかったことをもって直ちに当該懲戒

処分が無効になると解することは困難というべきである。」として，懲戒解雇を有効と判示しました。

◆　ホンダエンジニアリング事件＝宇都宮地判平27.6.24労経速2256-3

　36日間無断欠勤を継続したことを理由に懲戒解雇した事案において，「就業規則において弁明の機会を与える旨の規定は置かれておらず，懲戒をするに当たっては，労使の代表者で構成する賞罰委員会の意見を聞くこととされているところ，このような場合，弁明の機会を付与しないことをもって直ちに懲戒手続が違法ということはできない。そして，本件においては，賞罰委員会に諮って本件懲戒解雇がなされているものであるから，手続に違法な点があるということはできない。」として，懲戒解雇を有効と判示しました。

(3)　実務での取扱い

　もっとも，裁判例でも，「一般論としては，適正手続保障の見地からみて，懲戒処分に際し，被懲戒者に対し弁明の機会を与えることが望ましい」（前掲日本ヒューレットパッカード事件）とされていますから，実務的には，懲戒処分の程度や事実認定の難易を勘案して，懲戒解雇や諭旨解雇のような重い懲戒事由に該当すると判断した場合や処分対象者が事実関係を争っている場合等には，弁明の機会を与えた方が無難といえます。

2　賞罰委員会の開催

(1)　賞罰委員会設置の要否

　賞罰委員会は，懲戒を行うにあたって，第三者の意見を聞いたり，本人に弁明の機会を与えることを目的として設置される機関ですが，賞罰委員会を設置するか否か，また，賞罰委員会をどのような内容の機関とするかは，企業の自由です。

　賞罰委員会を設置することのメリットは，懲戒の社会的相当性を判断する上で，適正な手続により懲戒が行われたかという点に関連して考慮されることであり，デメリットとしては，賞罰委員会を開催しなければ懲戒を

することができないため，賞罰委員会を設置しない場合と比較して迅速な処分ができないという点です。したがって，賞罰委員会を設置するにあたっては，これらのメリット・デメリットを考慮した上でその内容を決定することが重要となります。

(2) 規定がある場合

このように賞罰委員会を設置するか否かは，企業の自由ではありますが，就業規則で賞罰委員会を設置することを規定した場合には，前述のとおり，手続を履行しなければ懲戒が無効と判断される可能性が高いといえます。したがって，賞罰委員会に関する規定を創設した場合には，その手続を必ず実施することが必要です。

ただし，賞罰委員会の規程に違反したからといって直ちに懲戒処分が無効となるわけではないと述べた裁判例もあります。

◆ 日本工業新聞社事件＝東京高判平15.2.25労判849-99

「本件賞罰委員会は，前記のとおり，使用者である控訴人の懲戒権等の行使を公正ならしめるために設置された内部的な自律的制限機関にすぎないのであるから，単に議事が賞罰委員会の規程に違反して行われたということだけで，直ちに当該懲戒処分の無効を来すものと解することはできず，他には手続上の瑕疵というべき事由も見当たらないのであるから，本件解雇を無効とすることはできない。」と判示しました。

(3) 規定がない場合

他方，賞罰委員会の開催について特に規定を設けていない場合には，賞罰委員会の開催を検討する必要はないと考えます。

3 労働組合との交渉・協議

懲戒対象となった従業員が労働組合（合同労組も含みます）に加入している場合，懲戒を実施する際に特別手続が必要か否かについては，当該労

第5節　適正手続（弁明の機会，賞罰委員会設置の要否等）　57

働組合との間に労働協約は存在するか，存在する場合は組合員の懲戒に関する規定がないかをチェックする必要があります＊。

＊　労基法92条1項は「就業規則は，法令又は当該事業場について適用される労働協約に反してはならない。」，労働契約法13条は「就業規則が法令又は労働協約に反する場合には，当該反する部分については，第7条，第10条及び前条の規定は，当該法令又は労働協約の適用を受ける労働者との間の労働契約については，適用しない。」と定めています。このように，労働協約の効力は，就業規則の効力に優先することに注意してください。

(1)　労働協約に組合員の懲戒に関し事前協議・同意約款がある場合

まず，事前協議約款がある場合には，使用者は組合員に対し懲戒を行うに際し，事前に労働組合と協議を行い，その理解を得るべき努力を尽くさなければなりません。

次に，事前同意約款がある場合には，原則として労働組合の同意を取得した上で懲戒を実施する必要があります。

以上からすると，協議約款の場合は労働組合と協議すれば足り，同意約款の場合，さらに労働組合の同意が必要というように大きな差があるように見えます。しかし，協議約款の場合でも，単に協議すれば足りるというわけではなく，労働組合の同意を得られる程度まで誠意をもって協議する必要があり＊，他方，同意約款に関しては同意権の濫用という議論があることからすれば＊＊，団体交渉の程度に関して，実務的には両者ともほとんど差がないといえます。

＊　労働協約に「組合員の解雇について本人および組合に異議のあるときは労使協議し，協議が整わない場合は解雇しない。」との規定がある事案で，「単に労使が当該解雇につき話合いの場を持っただけでは足りず，解雇の是非当否について双方がそれぞれの立場から，議論を尽くすことをいうものと解され，同条項にいう『協議が整った』とは，労使が右議論を尽くしたうえで双方が解雇相当との結論に到達した場合をいうと解するのが相当である。」と説示する裁判例（大阪フィルハーモニー交響楽団事件＝大阪地判平元.6.29労判544-44）があります。協議は6回を数えたものの，会社は終始一貫して組合員の解雇に固執し，組合の行う組

合員の復職要求に対し一顧だに与えなかったため，組合は右要求の実現が不可能であることを知り，ついに会社との交渉を断念し，これを終息したのであるから，右協議に該当すると認めることは困難であり，また，組合が右経緯で会社との交渉を終息したことをもって，組合が本件解雇に同意したものと解する余地があるとしても，右同意が同条項の「協議が整った」場合には該当しないと判示されています。

＊＊　労働組合が同意しない場合には，同意権の濫用が問題とされます。いかなる場合に労働組合の同意権の濫用と判断されるかについては，労働者の解雇について協議決定という労働協約が存在した事案について，「少なくともある経営上の措置が会社にとって必要やむを得ないものであり，且これについて組合の了解を得るために会社として尽くすべき措置を講じたにも拘わらず，組合の了解を得るに至らなかったような場合において会社が一方的にその経営措置を実施することを妨ぐるものではない。」と判断した裁判例（池貝鉄工事件＝最判昭29.1.21判時24-26）があります。

(2)　労働協約が存在しない，又は懲戒に関する規定がない場合

　労働協約が存在しない又は存在しても懲戒に関する規定がない場合には，特別手続は不要ですが，この場合でも，労働組合の方から懲戒の実施に関し，団体交渉の申入れがあった場合に，団体交渉に応じる義務があるか否かが問題となります。

　組合員に関する懲戒の実施は，本来，懲戒基準というような集団の労働条件の問題ではなく個人の問題ですから，本人自身の使用者に対する苦情処理システムの中で解決されるべき内容だと思われます。しかし，民間企業においては，この苦情処理システムそのものが整理されておらず，労使の代表者による協議や審理が十分に行われているとは言い難い状況です。

　したがって，現状では，団体交渉事項と考えること自体はやむを得ないと考えます。しかし，この団体交渉の程度（どの程度の交渉ないし回数が必要か）については，ベースアップや賞与交渉などとは大きな差があると考えます＊。

　＊　使用者は，団体交渉の席上で，懲戒事由の存在，選択した懲戒の相当性，不当

第 5 節　適正手続（弁明の機会，賞罰委員会設置の要否等）　59

労働行為の意思がないことなどを十分説明すれば足りるもので，数回の団体交渉で十分に誠実な交渉を実施したと考えてよいと思います。労働組合や組合員の納得を得るべく誠実交渉が求められるベースアップや賞与交渉と同様のレベルは必要ないと考えます。ただし，不誠実団交を理由として不当労働行為救済申立てをされた場合，この点を労働委員会がどう考えるかは，一抹の不安がないわけでもありません。

4　懲戒処分の時期と権利濫用

　企業は，従業員の企業秩序違反行為を認識した場合には，速やかに調査を実施して，懲戒の必要があれば，一定の合理的期間内に処分を実施すべき必要があります。

　しかし，諸般の事情から懲戒の実施を留保しなければならない場合もあります。このような場合に，どのくらいの期間ならば留保できるかについては，具体的事情をもとに判断するしかありませんが，この点について最高裁まで争われた事案があります。

◆　ネスレ日本（懲戒解雇）事件＝最判平18.10.6労判925-11

　　上司に対して 3 回にわたる暴行事件を起こし，不起訴処分となっていた 2 名の従業員（上告人ら）が，当該各暴行事件から 7 年以上経過した後に，諭旨退職処分を通告され，期限日までに退職届を出さなかったことを理由に懲戒解雇された事案において，裁判所は，本件諭旨退職処分は本件各事件から 7 年以上が経過した後にされたものであるところ，被上告人（会社）においては，本件各事件について警察及び検察庁に被害届や告訴状を提出していたことからこれらの捜査の結果を待って処分を検討することとしたものの，本件各事件は職場で就業時間中に管理職に対して行われた暴行事件であり，被害者である管理職以外にも目撃者が存在したのであるから，上記の捜査の結果を待たずとも被上告人において上告人らに対する処分を決めることは十分に可能であったものと考えられ，本件において上記のように長期間にわたって懲戒権の行使を留保する合理的な理由は見いだし難く，しかも，使用者が従業員の非違行為について捜査の結果を待ってその処分を検討することとした場合においてその捜査の結果が不起訴処分となったときには，使用者においても懲戒解雇処分のような重い懲戒処分は行わないこととす

60 第6章 懲戒処分の有効性

るのが通常の対応と考えられるところ，上記の捜査の結果が不起訴処分となったにもかかわらず，被上告人が上告人らに対し実質的には懲戒解雇処分に等しい本件諭旨退職処分のような重い懲戒処分を行うことは，その対応に一貫性を欠くものといわざるを得ないとして，懲戒解雇を無効と判示しました。

　その後の裁判例においても，企業秩序違反行為から長期間経過後の懲戒解雇を無効としたものがあります。

◆　学校法人B（教員解雇）事件＝東京地判平22.9.10労判1018-64
　　大学教授が学長選挙の際に，特定の学長候補者に対する人身攻撃を内容とするファクシミリを送信したことを理由として，当該行為から約5年が経過した後に懲戒解雇した事案において，裁判所は，懲戒解雇の制裁罰としての本質とこれに由来する手続的安定性確保の要請から，「①労働者の企業秩序違反行為が存在し，懲戒事由該当性が肯定される場合であっても，長期間の経過によって企業秩序が回復し，その維持のために懲戒処分を行う必要性が失われた場合，あるいは②合理的理由もなく著しく長期間を経過して懲戒権を行使したことにより，懲戒処分は行われないであろうとの労働者の期待を侵害し，その法的地位を著しく不安定にするような場合などには，例外的に当該懲戒解雇は，懲戒権の行使時期の選択を誤ったものとして社会通念上の相当性を欠き，懲戒権の濫用を構成するものと解するのが相当である。」と判示しました。

◆　霞アカウンティング事件＝東京地判平24.3.27労判1053-64
　　従業員が，特定の女性職員に対し，セクハラ行為を行ったとして，当該行為の判明後から約2年後に懲戒解雇された事案において，裁判所は，「仮にこのセクシュアル・ハラスメントの事実が認定できるとしても，処分が遅延する格別の理由もないにもかかわらず約2年も経過した後に懲戒解雇という極めて重い処分を行うことは，明らかに時機を失しているということができる上，上記課長職からの解任との関連で言えば，二重処分のきらいがあることも否定できないところであって，これを本件懲戒解雇の理由とすることには，問題があるといわざるを得ない。」として懲戒解雇を無効と判示しました。

第7章
裁判例から読み解く懲戒事由ごとの量定判断

　本章では，一般に，懲戒対象として問題となることが多い事由について，懲戒処分を行う際の検討事項のポイントを各事由ごと個別に説明していきます。なお，ここでは就業規則に各事由が懲戒事由として規定されていることを前提とします。

第1節　経歴詐称

1　経歴とは

　企業が労働者を採用するにあたっては，その労働者が約束どおりの労務を提供することができるか否かという点が重要なポイントになります。

　その判断材料となるのが労働者の経歴です。すなわち，企業は当該労働者の，①労働力評価に直接関わる事項（学歴，職歴，病歴等）や，②当該企業への適応性，貢献意欲に関わる事項（性格，退職歴等），③企業の信用保持等企業秩序の維持に関する事項（犯罪歴，懲戒歴等）を踏まえて，採用するか否かを決定することとなります。

☞ **要配慮個人情報**

　　2017年5月の個人情報保護法の改正により，本人の人種・信条・社会的身分・病歴・犯罪の経歴・犯罪被害の事実等が含まれる個人情報

を「要配慮個人情報」として，他の個人情報に比べてさらに慎重に扱うことが定められました。したがって，病歴や犯罪歴といった経歴については要配慮個人情報に該当することとなり，採用にあたっても本人同意がない限り取得できなくなりました。そのため，採用応募者は要配慮個人情報に関する質問については回答しないこともできます。

　もっとも，虚偽の事実を回答することは後述の申告義務に反しますので，この点の質問に対する回答がなかった場合には，「回答がなかった」という点も踏まえて総合考慮の上，採用の要否を決定すればよく，実務上はそれで事足りるものと考えます。

2　入社時の経歴詐称が懲戒対象となるか

　これらの経歴が詐称された場合について，学説には異なる見解もありますが，裁判所は，経歴詐称は，労働者に対する全人格的判断を誤らせる結果，雇入れ後の労働力の適正な配置を誤らせ，企業秩序に混乱を与え，信頼関係を破壊させるに至ることなどを理由として，懲戒処分の対象となることを一貫して肯定しています（神戸製鋼所事件＝大阪高判昭37.5.14労民集13-3-618，炭研精工事件＝最判平3.9.19労判615-16等）。

　その上で，「重大な経歴詐称」があった場合には懲戒解雇も有効である旨判示しています。

◆　スーパーバッグ事件＝東京地判昭55.2.15労判335-23
　　「就業規則において，経歴詐称によって雇用された場合を懲戒事由と規定していることには合理性が認められるところ，労働者が，経歴詐称によって企業と労働契約を締結することによって，労働者の適正な配置，人事管理等の企業秩序に混乱を生じ，使用者との信頼関係が破壊される結果，もはや企業と労働者間の雇用関係を継続し難いと認められるような重要な経歴詐称があった場合には，懲戒解雇もやむを得ない措置として是認されると考えられる。そして，かような重大な経歴詐称といえるためには，企業が労働者の真実の経歴を知っていたのであれば，当該労働者と雇用契約を締結しなかったであろう（少くとも，同一条件では）と考えられ，また，客観的にも，そのことに合理的な理由があると考えられる場合であることを要するであろう。」とした上で，懲戒解雇を有効と判示しました。

第1節 経歴詐称 63

　そこで，多くの企業では懲戒解雇事由の1つとして重大な経歴詐称を規定しています。

　一方，企業から放逐する必要がない程度の（重大な経歴詐称に該当しない）経歴詐称については，あえて懲戒処分の対象としなくとも，今後の勤務態度・労務管理の中で把握し考慮すればよいと考えます。

3　懲戒解雇の対象となる「重大な経歴詐称」とは

　「重大な経歴詐称」とは，一般的に，その経歴詐称が事前に発覚すれば，会社がその労働者と契約を締結しなかったか，少なくとも同一条件で契約を締結しなかったと認められ，かつ，客観的にみてもそのように認めるのが相当な場合をいうとされています。

　そして，裁判例などをみると，最終学歴や職歴，犯罪歴等が「重要な経歴」とされていますが，外部労働市場において専門性を帯びた職種が広がりをみせる今日，特に問題となっているのは，中途入社労働者による職歴詐称です。

(1)　職歴の詐称

　職歴は，当該労働者を採用するかどうかの決定的な動機となる事情であり，採用後の業務内容や賃金設定にも大きく影響する重要な経歴です。職歴詐称を行い高額な賃金を不当に得ていたなどの事情がある場合には，詐欺行為に該当し，懲戒解雇も十分にあり得ると考えます。

　裁判例にも，溶接の熟練工を募集していた会社に対し，採用面接時に職歴欄記載の企業において一貫して溶接作業に従事していた旨虚偽の事実を述べ，実際に担当する予定の作業について自信ある発言をしたことから採用されたという事案において経歴詐称を理由とする諭旨解雇を有効としたもの（生野製作所事件＝横浜地川崎支判昭59.3.30労判430-48）や，職務に必要なプログラミング能力がないにもかかわらず，その能力があるかのよ

うな職歴を経歴書に記載し，採用面接時にも同趣旨の説明をしてソフトウェア開発会社に採用された事案において経歴詐称を理由とする懲戒解雇を有効としたもの（グラバス事件＝東京地判平16.12.17労判889-52）などがあります。

なお，普通解雇の事案ですが，労働者が職歴を詐称しそれを前提に積極的に賃金の上乗せを求め，会社がそれに応じて賃金を増額したという事案において，当該経歴詐称に基づく増額の要求は詐欺という違法な権利侵害として不法行為を構成するとした上で，当該増額された賃金（月額20万円分）をその損害と認定した裁判例もあります（KPIソリューションズ事件＝東京地判平27.6.2労経速2257-3）。

(2)　学歴の詐称

学歴については，過大申告した場合だけでなく，過少申告した場合にも懲戒処分が問題となります。

裁判例の中には，採用条件として高卒以下であることを確固たる方針としていた企業において，短大卒を高卒と偽って入社した労働者に対する懲戒解雇を有効と認めたものがあります（前掲スーパーバッグ事件）。

(3)　犯罪歴の詐称

また，犯罪歴に関しては，労働者の労務提供の内容に影響しないことが多いと考えられることから，犯罪の内容や性格等に照らし，実際の業務や企業秩序にどの程度の影響を与えるのかを十分に吟味する必要があります（例えば，女性が多数働いている職場における男性従業員の性犯罪歴は，職場に悪影響を与えると評価し得ると考えます）。

裁判例には，名誉毀損罪で服役していた事実を隠し，その期間海外で経営コンサルタント業に従事していたと虚偽の経歴を述べ労働者派遣事業を行う会社に採用された労働者について，態様が悪質であるなどとして懲戒解雇を有効と認めたものがあります（メッセ事件＝東京地判平22.11.10労

第 1 節　経歴詐称　65

判1019-13)。

4　労働者の真実申告義務

　企業には，法律に違反しない限り，どのような資質・能力・性格を有する労働者を採用するかを決定する自由，そしてそれらについて調査する自由が認められています（三菱樹脂事件＝最判昭48.12.12労判189-16)。

　したがって，採用判断の基礎となる事実について会社が必要かつ合理的な範囲内で申告を求めた場合，労働者は真実の申告をすることが信義則上の義務であると考えられます。もっとも，この申告義務は，(不利益な事実を）自発的に申告する義務まではなく，申告を求められた場合に真実を申告する義務であると解されています（岐阜地判平25.2.14ジュリ1464-124など）。

　この申告義務の内容からすれば，企業としては採用時の面接で労働者に取得理由を明示してきちんと申告を求めることが非常に重要となります。

　特に犯罪歴については，裁判例上，申告の対象となる犯罪歴の内容が限定的に解釈される傾向*にあることから，具体的に申告内容を特定して質問することが重要です。ただし，前述のとおり，個人情報保護法の改正により，犯罪歴は要配慮個人情報としてその取得に本人同意が必要となりましたので，採用応募者に申告義務まではないと解されます。

　　＊　裁判例は，既に刑が消滅した前科（刑法34条の2）については，労働力の評価に重大な影響を及ぼさざるを得ないといった特段の事情がない限り告知すべき信義則上の義務を負わないと判示し（マルヤタクシー事件＝仙台地判昭60.9.19労判459-40)，また，履歴書欄の賞罰欄にいう「罰」とは一般には確定した有罪判決をいい，刑事事件により起訴されたことは含まれない（大森精工事件＝東京地判昭60.1.30労判446-15)，公判係属中の事件については，採用面接において問われない限り積極的に申告すべき義務はない（炭研精工事件＝最判平3.9.19労判615-16，東京高判平3.2.20労判592-77）と判示しています。
　　なお，最後の炭研精工事件判決は，個人情報保護法が改正された現在において

66　第7章　裁判例から読み解く懲戒事由ごとの量定判断

は，本文にあるとおり，採用面接で質問があったとしても申告すべき義務はない
と修正されることになります。

5　採用選考時に確認すべき経歴

　最終学歴，職歴，犯罪歴に加えて採用選考時に確認しておくべき事項と
しては，病歴（健康状態を含む），退職歴（退職理由を含む），性格等が挙
げられます。前述のとおり，病歴も個人情報保護法上の要配慮個人情報に
該当します。

　また，性格ですが，これは近年増加している精神障害の発症にも大きく
影響する要因（資質としての「脆弱性」や気分転換のうまさなどの「対処
技能」）であり，業務指導との関連でのパワハラを議論するにあたっても
性格への配慮（強い口調での指導も受け止められる人物か，多くの言葉を
費やして説明することを要する人物かなど）が必要不可欠ですから，採用
時点で把握することが重要であるといえます。把握の仕方としては，採用
面接時に本人の性格を自身で語ってもらうのも1つの方法であると考えま
す。

```
POINT
・「重大な経歴詐称」といえるか否かが，重要な判断基準となる。
・この事由に関して懲戒の有無を考える場面は，採用時に提出された
　経歴の詐称であるから，当然，採用時の経歴の確認を適切に行って
　おくことが実務上重要である。
```

第2節　不倫行為

1　不倫行為がもたらす企業秩序違反

　男女関係は，基本的には私人間の生活領域に属する事柄ですから，それがいわゆる不倫行為に該当するものであったとしても，直ちに懲戒の対象となるものではありません。社外で，かつ会社と全く関係のない異性との不倫関係であれば，純然たる私生活の範囲の問題であり，懲戒の対象とならないといえます。

　しかし，不倫行為は，社会的に非難される行為であるばかりか，配偶者との関係では不法行為にも該当することから，それが社内における不倫であったり，社外でも同僚の配偶者，取引先の関係者等企業と関連性を有する人物との間の不倫となれば，企業秩序を乱すおそれがあるといえ，懲戒の対象になり得ると考えます。

　このように不倫が発覚した場合，当該不倫を行った従業員に対し懲戒処分を実施できるか否か，またどの程度の懲戒処分とすべきかは，当該不倫行為が企業秩序や企業の社会的評価に及ぼした悪影響の内容・程度次第ですが，その判断の際に1つポイントとなるのが，その不倫が社内での問題なのか，取引先等社外を巻き込んだ問題なのかという点です。

2　社内不倫の場合

　社内での不倫関係の場合，その関係が同僚間でのものなのか，上司部下の関係なのかといった点が重要になると考えます。

　上司部下の間での不倫関係については，公正な人事評価に疑いを生じさ

68　第7章　裁判例から読み解く懲戒事由ごとの量定判断

せるなど他の従業員への悪影響が大きいといえますので，例えば妻子のある課長と部下の女性従業員との不倫関係が判明したような場合には，業務の正常な運営が阻害されたとして，懲戒処分の対象になるものと考えます。

　一方，同僚間の不倫関係については，これもモラルの問題として企業秩序に悪影響を与える，あるいは与えるおそれがあるといえますが，上司部下の場合と異なり人事評価への信頼等といった問題は生じません。したがって，この場合も懲戒処分の対象にはなるものの，その量刑は上司部下の場合よりも軽いものになると思われます。

　また，同僚間であるか上司部下間であるかを問わず，その不倫行為において，職場内で不埒な行為を行っていたとか，就業時間内に情交関係に及んでいたなどの特別な事情がある場合，あるいは，職務上の立場や責任に照らして高度の倫理性が求められるような場合には，懲戒処分の対象となり得ます＊。

＊　不倫行為に関する懲戒処分の裁判例の中には，観光バス会社の運転手とバスガイドとの関係についての事案がみられますが，その中には，観光バスの乗務にあたっては男性運転手1名と女性ガイド1名が1組となって同じ自動車に乗務し，遠距離の場合には乗務の途中で同一宿舎において宿泊もしなければならない点を捉え，特殊な勤務形態にあるとして懲戒事由該当性を肯定した裁判例（イースタン観光事件＝東京地判昭45.7.27労判107-47）もあります。

　しかし，このような場合でも，よほど酷い態様であったり，会社に著しい実損・混乱を与えるような事案でもない限り，懲戒解雇や普通解雇といった契約解消事由にはならないと思われます。そのため，実務では，今後の業務遂行に支障が生じることを理由に，不倫の当事者のどちらか一方を配転させて職場秩序を回復することになると考えます。

　もっとも，私見ですが，他に配転場所がないような少人数の小零細企業においては，他の従業員との関係で職場秩序を維持する必要性がありますので，事情によっては普通解雇することもやむを得ないと考えています。

　下記繁機工設備事件では，同僚間の不倫関係を理由に実施された懲戒解雇が無効と判断されていますが，少人数の企業において不倫が行われた事

案であって，周りに及ぼす悪影響を考えると，普通解雇であれば十分に認められるべき事案であったと考えます。

◆ **繁機工設備事件＝旭川地判平元.12.27労判554-17**
　　妻子ある男性従業員と不倫関係となった女性従業員（経理事務）を懲戒解雇した事案において，裁判所は，当該従業員の地位，職務内容，交際の態様（女性宅に泊まりアパート前に停めた男性従業員の車を他の従業員に見られた，会社の事務室内で弁当のおかずを交換して食べたり親しそうに話したりしていた），会社の規模（正社員，契約社員各10名程度），業態（水道管の敷設・水洗工事）等に照らして，職場の風紀・秩序を乱し，その企業運営に具体的な影響を与えたと認めるに足りる疎明がないとして，懲戒解雇を無効と判示しました。

☞ **人事権に基づく配転命令**
　　上で述べた配転の手法はセクハラ事案に対する対処としても有用です。ただし，ここで注意が必要なのは，誰を配転させるかということです。
　　セクハラの場合には，原則としてセクハラ行為を行った男性従業員（加害社員）を配転の対象とすべきであり，女性従業員（被害社員）を配転させる場合はその者が異動の希望を述べた場合に限られるべきです。一方で，不倫の場合は，双方の同意の下での関係ですので，必ずしも加害者・被害者という立場に明確に分けることはできません。
　　そこで，不倫に至る経緯等の事情を踏まえ，どちらか一方を使用者が選択することになります。とはいっても，実務上は，不倫の場合にも男性従業員を配転させることが多く，女性従業員は不倫の発覚に伴って退職するといった事例も多くみられます。

　　また，社内不倫においてよく見られるケースの１つに，企業が費用を負担する出張中の宿泊先において情交に及ぶ場合がありますが，この場合は職場内と同様に捉えるべきと考えます。
　　この点に関連する裁判例として，妻子ある観光バスの運転手が同乗の女性バスガイドに情交を強要したことなどを理由に諭旨解雇された事案において，遠隔地への勤務に就いた場合の出先での宿泊の時間は，「本来の業務に付随してこれと極めて密接な関係のある時間であるから，これを単純

70　第7章　裁判例から読み解く懲戒事由ごとの量定判断

な勤務外の時間と観ることは相当でない」との評価をしたものがあります（結論として諭旨解雇を有効と判断しています。日本周遊観光事件＝大阪地判昭58.10.18判例集未掲載）。

3　取引先関係者との不倫の場合

　取引先関係者との不倫の場合には，自社の企業秩序のみならず取引先の企業秩序も乱しかねません。企業の社会的信用を毀損し，取引先からの信頼をも失いかねない重大な非違行為といえますから，懲戒解雇は難しくとも，事案によっては契約の存続を前提とした懲戒（ないし普通解雇）とすることは理論上十分に考え得ると思います。ただし，大企業の場合には，先に説明した配転によって対応することも選択肢の1つです。

　裁判所も，妻子ある自動車教習所のスクールバス運転手が女性教習生と不倫関係となり懲戒解雇された事案において，懲戒解雇は著しく苛酷であることから社会的相当性を欠き無効としましたが，仮免許検定，実技卒業検定等の試験の公正に疑惑を生じさせるなど信用を失墜させた行為（不倫行為）は，教習所の「社会的評価の低下，企業秩序の紊乱及び取引上の損失をもたらした」として，企業内の非行として評価すべき旨判示しました（豊橋総合自動車学校事件＝名古屋地判昭56.7.10労判370-42）。なお，裁判例の中には，生徒の母親と不倫関係となったことを理由とする妻子ある教職員への懲戒解雇を有効とした事例もありますが，この事例は生徒のほとんどが韓国籍であり，韓国においては儒教的な性的倫理感が強いということを背景にした判断であって特殊事情の存する事案であったと評価すべきです（学校法人白頭学院事件＝大阪地判平9.8.29労判725-40）。

　☞　**社内メールの私的利用**

　　不倫（特に社内不倫の場合）の当事者は，就業時間中に社内メールを用いて私的なやり取りをしていることも多く，そのメールが不倫行為の証拠となることがありますが，これについては施設管理権侵害や

職務専念義務違反等が問題となり，社会通念上許容される範囲を逸脱する場合には不倫とは別途の懲戒事由となります。

関連する裁判例として，就業時間中の過度の私的なチャット利用行為が，内容的にも顧客情報持出の助言，信用毀損，誹謗中傷及びセクハラに該当するとして，当該行為を理由とした懲戒解雇を有効としたものがあります（ドリームエクスチェンジ事件＝東京地判平28.12.28労判1161-66）。

POINT
- 不倫行為といえども，純粋に私生活上の領域に属し，企業秩序を何ら乱しておらず，乱すおそれもない場合には懲戒処分は行えない。
- 不倫の相手方の属性や交際の態様の他にも，当事者の地位，職務内容，会社規模等も踏まえて，企業秩序に与える影響を慎重に判断すべき。
- 人事権による対応も十分検討に値する。

第3節　セクシュアルハラスメント

1　セクシュアルハラスメントとは

少子高齢化が進み若年労働力が減少していく現在，企業においても女性労働力を十分に活用することが事業の継続的な運営及び発展にとって重要課題といえます。そのため，職場における具体的職務遂行能力，特に女性の職務遂行能力を大きく阻害する要因となるセクシュアルハラスメント（セクハラ）は，企業として厳しく対応すべき問題です。

セクハラに関しては，均等法に防止措置義務の定めがあります。これに

よれば，防止措置義務の対象となる行為は，「職場において行われる性的な言動に対するその雇用する労働者の対応により当該労働者がその労働条件につき不利益を受け，又は当該性的な言動により当該労働者の就業環境が害されること」と定義されています（同法11条1項）。もっとも，同法は労働行政上のセクハラ（すなわち下記③のレベル）について上記のとおり定義したというにすぎず，企業秩序を乱すないし乱すおそれがあるものとして懲戒の対象になる言動はこれに限られるものではありません。

2　セクハラの法的整理

セクハラと一口にいっても，下図のとおり，①刑法上の構成要件に該当する行為（陰部に触れる，乳房をもてあそぶ，無理矢理接吻するなど），②民事上不法行為に該当する行為（着衣の上から臀部を触る，性的事柄に関する噂を言いふらすなど），③労働行政上行政指導の対象となる行為（性的な冗談を言う，執拗に食事に誘う，不必要に身体に接触するなど），

【セクシュアルハラスメントの種類（4種）】

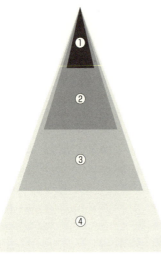

①　刑法上の犯罪行為
　＝強制性交等・強制わいせつ罪等に該当するか

②　民法上の不法行為
　＝社会的相当性を著しく逸脱した方法で
　　心理負担を与えたか
　　（①を含む）

③　行政指導
　＝均等法11条1項の要件に該当するか
　　（①，②を含む）

④　企業秩序
　＝企業が決定したルールに該当するか
　　（①ないし③を含む）

④就業規則等により当該企業において企業秩序違反として罰する行為（「子供はまだか」と聞く，任意参加の酒席でお酌を強要する，「女の子」「おばさん」と呼ぶなど）の４つのレベルがあります。

①・②は勿論のこと，③さらには④といった「他の従業員の職務遂行能力を阻害する行為全般」について，使用者たる企業には厳正な対応が求められているといえます。

3　懲戒の程度

セクハラの行為態様によって，検討される懲戒処分の種類や程度は大きく異なります。

(1)　刑法レベルの行為に対する懲戒

「セクハラの法的整理」で説明した①の強制性交等罪や強制わいせつ罪に該当する行為はいうまでもなく犯罪行為ですから，当該行為を行った従業員に対する懲戒は，懲戒解雇を含む労働契約の解消しかありません。

◆　大阪観光バス事件＝大阪地判平12.4.28労判789-15

観光バス運転手が取引先や自社の女性添乗員に対し，悪質なわいせつ行為（抱き付いたり，臀部を触る，脚部や胸を断続的に触る等）に及んだことを理由に懲戒解雇された事案において，裁判所は，会社が男女関係に厳しい対応をしていたにもかかわらず悪質なわいせつ行為に及び事情聴取の際にも反抗的な言動や責任回避のための脅迫にまで及んでいることなどを指摘した上で，懲戒解雇を有効と判断しました。

(2)　民法レベルの行為に対する懲戒

着衣の上から胸や臀部を触るといった行為は，おそらく強制わいせつ事件としては立件できないと考えられますが，民法上の不法行為は成立するといえます。

懲戒処分としては，過去に同様の行為を理由に懲戒を受けているといっ

た事情があれば別ですが，初犯（最初の非行）の場合には懲戒解雇や諭旨
解雇をすることはできないと考えますし，普通解雇も難しいと思います。
上司の部下に対する行為が問題となっている場合には降格（職位を外す），
同僚同士で行為者に職位がない場合は出勤停止といったように，労働契約
上の地位の存続を前提とした懲戒処分が妥当といえます。

　しかし実務では，初犯の場合でも退職届の提出を求めることがあります。
職場での部下の臀部を触るというような破廉恥なセクハラ行為によって降
格や出勤停止等の懲戒を受けた場合，その事実は社内や取引先関係者等に
も知れ渡ることとなり，その企業内はもちろん家庭生活も含め非常につら
い立場におかれることになります。その一方，企業としても当該行為者に
ついては再発防止を含め将来的に厳しい労務管理をせざるを得ないことか
ら，双方にとって契約存続が必ずしも賢明な判断とはいえないこともあり
ます。そこで，実務上，特に大企業の場合には，初犯の場面において，本
人の将来を考え，懲戒処分を実施せずに退職届の提出を求めるべき場合も
あると考えます。

　なお，過去に同様の行為を行い，譴責等の懲戒処分を受けている場合は，
事案にもよりますが普通解雇できる可能性が高いと思います。

◆　**Ｙ社〔セクハラ・懲戒解雇〕事件＝東京地判平21.4.24労判987-48**
　　支店長が部下の女性に宴会の席でセクハラをした事案において，裁判所は，セ
　クハラを防止すべき立場にありながらの行為で情状は芳しくないとしながら，宴
　会での手を握ったり肩を抱くという程度の一連の行為が，いわゆる強制わいせつ
　的なものとは一線を画すものであり，気の緩みがちな宴会で一定量の飲酒の上歓
　談の流れの中で調子に乗ってされた言動としてとらえることができ，また秘密裏
　というより多数の従業員の目もあるところで開けっぴろげになされたもので，お
　のずとその限界があるとして，懲戒解雇を無効と判示しています。

(3)　労働行政レベルの行為に対する懲戒

　平成19年改正を経た均等法では，就業規則にセクハラに関する禁止規定
を定めること，研修等を実施しその周知徹底を図ることなどが企業の措置

義務とされており，同義務の未履行・違反等が認められれば行政指導ひいては企業名公表までなされ得ます（同法29条1項，30条）。言い換えれば，同法が規定するセクハラは，労働行政対応がなされ得るレベルの行為ということです。このため，現在は，多くの企業で，少なくともこのレベル以上の行為については禁止するよう規定を定めるなどし，それを前提に十分な研修が実施されています。

　したがって，会社がこのような対策を取っているにもかかわらず，「職場での性的言動」や「執拗に食事に誘う」といった労働行政レベルのセクハラを行ったのであれば，直ちに譴責や減給等の懲戒をなし得るといえます。

(4)　企業秩序レベルの行為に対する懲戒

　上記(1)〜(3)の行為に該当しない行為であっても職場環境を阻害する性的言動は他にも存在します。そして，企業として何を秩序違反行為として捉えるかは，最終的には企業が決めることです。このため，(1)〜(3)の範疇には含まれないレベルの性的言動についても，それが企業秩序を乱すのであれば，企業独自にセクハラ行為に含めて防止対象にすべきといえます。

　ただし，(1)〜(3)と比較すれば，一般的に企業秩序レベルの行為はそのわいせつ性の程度等の点で軽度といえるものが多いと思われます。したがって，違反直ちに懲戒とするのではなく，まずは注意・指導を与え，それでも是正されない場合に譴責等の懲戒とする方が良いと考えます。

　なお，(1)〜(3)に該当する行為について(4)ではセクハラと捉えないとなると，法律が禁止・防止する対象行為であるにもかかわらず企業は許容するという逆転現象が生じてしまいます。したがって，少なくとも(4)のレベルは(1)〜(3)を含むものとならなければなりません。

　☞　**配転について**
　　　セクハラの対応として配転等が行われることがありますが，本人の真の希望がない限り被害者を異動させるべきではありません。行為者がたとえ有能であっても，必ず行為者を異動させるべきです。

4 事実調査に関する注意点

　セクハラ行為のうち，①刑法レベルの行為と②民法レベルの行為は，加害社員と被害社員二人だけの場面で行われることが多く，行為の密行性が高いため事実認定に困難が生じることが多々あります。企業には警察のような捜査権限はありませんから，調査や事実認定に一定の制限があることはやむを得ず，実務対応上，被害申告者に「会社としてハラスメントがあったか否か判断できない」と告げざるを得ないこともあり得ます。しかし，単に加害社員と被害社員の主張が食い違っているからといって，「証拠がない」などとしてうやむやにすることは許されません。会社としては，加害者とされる従業員の日常の言動，態度，酒席での状況等を総合的に判断して，使用者として積極的に事実を特定しなければなりません。

　そして，セクハラ行為の事実認定に際し，被害社員が強く身体的抵抗をしなかったという事実や，行為時から被害申告時までの間にタイムラグがあったという事実があったとしても，被害者（女性）特有の心理や行動パターンからすれば，直ちに被害社員の供述の信用性を否定することは出来ないという点には，特に留意が必要です。

◆　**横浜セクシュアル・ハラスメント事件＝東京高判平9.11.20労判728-12**

　　在籍出向先の上司からセクハラを受けたとしてなされた損害賠償請求の成否が問題となった事案において，裁判所は，アメリカの強姦被害者の対処行動に関する研究例を挙げて，「強姦のような重大な性的自由の侵害の被害者であっても，すべての者が逃げ出そうとしたり悲鳴を上げるという態様の身体的抵抗をするとは限らないこと，強制わいせつ行為の被害者についても程度の差はあれ同様に考えることができること，特に，職場における性的自由の侵害行為の場合には，職場での上下関係（上司と部下の関係）による抑圧や，同僚との友好的関係を保つための抑圧が働き，これが，被害者が必ずしも身体的抵抗という手段を採らない要因として働くことが認められる。」と述べ，わいせつ行為の被害女性が事務所外へ逃げたり，悲鳴を上げて助けを求めなかったからといって，直ちに被害者の

供述内容が不自然とはいえないと判示しています。なお，高裁は加害社員及び出向先会社の損害賠償責任を認めました。

◆ **海遊館事件＝最判平27.2.26労判1109-5**

　管理職2名に対するセクハラを理由とする出勤停止処分（1名は30日，もう1名は10日）及び人事上の降格処分（それぞれ1等級降格）の有効性が問題となった事案において，裁判所は，「職場におけるセクハラ行為については，被害者が内心でこれに著しい不快感や嫌悪感等を抱きながらも，職場の人間関係の悪化等を懸念して，加害者に対する抗議や抵抗ないし会社に対する被害の申告を差し控えたりちゅうちょしたりすることが少なくないと考えられる」と述べ，被害女性から明白な拒否の姿勢が示されなかったとしてもそれを懲戒対象者の有利に斟酌することはできないと判示しています。なお，最高裁は上記処分をいずれも有効と判示しました。

　なお，セクハラについて主張が食い違う場合，一般的には加害者側が主張を崩してくることが多いですが，実務上は被害者側の主張に事実の歪曲に近いものがある場合もありますので，注意は怠らないでください（被害者側が主張するセクハラ行為に対し，直ちにセクハラと評価できるか極めて疑問とした裁判例として名古屋セクハラ（K設計・本訴）事件＝名古屋地判平16.4.27労判873-18があります）。

POINT
- 行為態様が，①刑事事案（刑法レベル），②不法行為事案（民法レベル），③均等法上のセクハラ（労働行政レベル），④企業定義上のセクハラ（企業秩序レベル）のどれに該当するのかを意識して，懲戒の程度を考える。
- ③・④の場合には，その事由の禁止について，社内でどの程度教育・研修がされていたかという点も確認する。

78 第7章 裁判例から読み解く懲戒事由ごとの量定判断

第4節 マタニティハラスメント等

1 マタニティハラスメント等とは

　一般に，妊娠・出産等あるいは育児休業・介護休業利用等を理由とする，解雇・雇止め・降格等の不利益な取り扱いの示唆や嫌がらせ，利用阻害的言動等のことをマタニティハラスメント等，いわゆるマタハラ等といいます*。

　　＊　行政上は「妊娠・出産・育児休業・介護休業等に関するハラスメント」という名称が用いられていますが，一般社会では「マタハラ」と簡易に呼ぶことが多いため，本書でも「マタハラ等」という名称を用いています。

　　　　なお，行政上のそれは女性の妊娠出産・育児関係だけでなく介護休業や男性の育児等も含んでいますが，この点を明らかにすべく，本書ではマタハラ「等」として「等」を付しています。

　後述のとおり，このマタハラ等に関しても，法律上「事業主は…必要な措置を講じなければならない」とされ，企業は防止措置を講ずる義務を負います（均等法11条の3［令和元年改正前は11条の2］，育介法25条）。

　これに対して，上記のような単なる言動にとどまらず，実際に解雇・雇止め・降格等の不利益取扱いをすることについては，「事業主は…不利益取扱いをしてはならない」という形で別途禁止されています（均等法9条3項，育介法10条）。言い換えれば，不利益取扱いは，上記防止措置義務の対象とするまでもなく法律上禁止されているということですから，これは防止措置義務対象ではない＝行政レベル上のマタハラ等ではないと整理できます。

　過去の裁判例において主として争われているものは，上記でいうマタハラ等ではなく不利益扱いの事案です。そこでは，妊娠中の軽易業務への転

第4節　マタニティハラスメント等　79

換に際して行われた降格についての最高裁判例（広島中央保健生活協同組合事件＝最判平26.10.23労判1100-5）のほか，育休取得を理由とする昇給停止（医療法人稲門会（いわくら病院）事件＝大阪高判平26.7.18労判1104-71）や育児時短制度の利用を理由とする案分的な昇給抑制（甲会事件＝東京地判平27.10.2労判1138-57）などの事案において，使用者側敗訴の判示が立て続けになされています。

そうした中，均等法及び育介法の一部が改正され，不利益取り扱いそのものに限らず，職場における上司や同僚の言動といったレベルであるマタハラ等の行為が行われないよう防止する措置を講じることが企業に義務付けられました（平成29年1月1日施行）。

この防止措置義務の対象となる行為の各法律上の定義を簡略化すると，以下のとおりとなります。

（均等法上の定義）

> 職場において行われる，その雇用する女性労働者に対する，妊娠・出産等をしたこと，もしくは妊娠・出産に関する制度・措置の利用を理由とした不利益な取り扱いを示唆すること，またはこれらに関する言動により，当該女性労働者の就業環境が害されること

（育介法上の定義）

> 職場において行われる，その雇用する労働者に対する，育児休業，介護休業等の制度・措置の利用を理由とした不利益な取り扱いを示唆すること，またはこれらに関する言動により，当該労働者の就業環境が害されること

なお，セクハラと同様，マタハラ等も①刑法，②民法，③労働行政，④企業秩序の4つのレベルに振り分けられますが*，上記均等法・育介法上の定義のマタハラ等は③の労働行政レベルの議論になります。したがって，④企業秩序のレベルについては別論として残るわけですが，少なくとも④

80　第7章　裁判例から読み解く懲戒事由ごとの量定判断

【改正均等法・改正育介法に基づく事業主の義務】

◆旧法は

事業主の義務	根拠
妊娠・出産等を理由とする不利益取扱いの禁止	男女雇用機会均等法第9条第3項
育児休業・介護休業等を理由とする不利益取扱いの禁止	育児・介護休業法第10条等

◆改正現行法は上記に加えて

事業主の義務	根拠
上司・同僚からの妊娠・出産等に関する言動により妊娠・出産等をした女性労働者の就業環境を害することがないよう防止措置を講じること	男女雇用機会均等法第11条の2
上司・同僚からの育児・介護休業等に関する言動により育児・介護休業者等の就業環境を害することがないよう防止措置を講じること	育児・介護休業法第25条

事業主（人事労務担当者）自らが行う不利益取扱い（就業環境を害する行為を含む。）が禁止されるのはもちろんですが，改正現行法では，上司・同僚が，妊娠・出産や育児休業・介護休業等に関する言動により，妊娠・出産等した女性労働者や育児休業の申出・取得者等の就業環境を害することがないよう，事業主として防止措置を講じることが新たに義務付けられています。

〔出典〕厚生労働省パンフレットを一部変更

は①～③を包含しなければならないこともセクハラと同様ですから，最低限の水準として，③の内容を踏まえておくことが重要になります。

＊　その延長線上に暴行罪等があり得るパワハラ，強制わいせつ罪等があり得るセクハラと異なり，マタハラ等ではその延長線として刑法犯になる例はほぼ無く，民法上の不法行為になる例も他2つと比べて少ないと思われます。

これらの改正法の施行に伴い，「事業主が職場における妊娠，出産等に

関する言動に起因する問題に関して雇用管理上講ずべき措置についての指針」（平成28年厚生労働省告示第312号）が公布されましたが，同指針の内容はセクハラ指針の内容と重なるところも多く，セクハラに関して企業が実施してきた対応がマタハラ等との関係でも参考になると思われます。

　また，同指針では，マタハラ等の行為類型を，以下の５つに整理しています。

---

(1)　対象者が妊娠・出産等をしたことにより，解雇その他の不利益な取扱いを示唆する言動【妊娠・出産等を理由とする不利益取扱いの示唆】

(2)　対象者の妊娠，出産，育児休業，介護休業等に関する制度・措置の利用等に関し，解雇その他不利益な取扱いを示唆する言動【制度利用を理由とする不利益取扱いの示唆】

(3)　対象者の妊娠，出産，育児休業，介護休業等に関する制度・措置の利用を阻害する言動【制度利用型のうち，制度利用阻害型】

(4)　対象者が妊娠・出産等をしたことに対する嫌がらせ等【状態嫌がらせ型】

(5)　対象者が妊娠，出産，育児休業，介護休業等に関する制度・措置を利用したことによる嫌がらせ等【制度利用型のうち，制度利用嫌がらせ型】

　また，同指針において，厚生労働省は企業が実施すべき具体策として，マタハラ等に関する対処方針を就業規則等に明記し，加害社員を懲戒処分とすることなどを明らかにしました。

　したがって，今後，マタハラ等の加害社員に対する懲戒事案は増えると思われます。

2　マタハラ等に対する懲戒処分の考え方

　マタハラ等として問題となる具体的な行為としては，
・家庭優先という昔ながらの価値観を押し付けるような事例（育休等の

取得に際し「旦那も働いているのだから無理して働く必要はない」と発言するなど）

- 権利行使を抑制するような事例（育休等の取得に際し「戻る場所はない」と発言したり，時短勤務者に対して「残業しない仕事なんて，仕事ではない」と発言するなど）
- 嫌がらせ事例（妊娠女性に対し「見苦しいから出社するな」と発言したり，制度利用者に業務を与えないなど）
- 妊娠・出産自体を非難するかのような事例（「同時に育休を取らないように，女性社員同士で産む順番を決めるように」「妊娠しない方が君のキャリアのためだよ」と発言するなど）

等が想定されます。

　これらの行為は，企業秩序を乱すものとして懲戒の対象となりますが，施行からあまり日の経っていない現状では，多くの企業はマタハラ等に関して，禁止規定を設けておらず，研修等による従業員教育も十分ではないと思われます。また，産休・育休等を取得する従業員がいれば，他の従業員の業務量は必然的に増加しますが，この増加への不満のためにマタハラ等の行為をしてしまう人もいるように思われます。

　そのため，マタハラ等の行為に対しては直ちに懲戒とするのではなく，まずは注意・指導を与え，かつ業務量増加の影響をなるべく集中させないようにするといった対応を行い，それでも継続する場合に懲戒を検討すべきといえます。もっとも，将来的に，セクハラと同様，マタハラ等についても禁止規定が整備され，研修等により対処方針の周知徹底が図られた場合には，直ちに譴責・減給等の懲戒を実施できることになると考えます。

　ただし，前述した不利益取り扱いについては，マタハラ等よりも前から法で禁止されているうえ，その違反は均等法9条3項や育介法10条といった法令の違反になります。したがって，妊娠・出産等や育児休業・介護休業等といった制度・措置の利用を理由に不当に低い人事評価をするなどといった不利益取り扱いを行った者については，法令違反行為をしたものと

して，防止措置義務対象のマタハラ等よりも厳しく対応する必要があると思われます。

> POINT
> マタハラ等の行為の禁止について，従業員教育・研修，業務量調整といった対応を十分に実施していくことが重要となる。

第5節　パワーハラスメント

1　パワーハラスメントとは

　一般に，パワーハラスメント（パワハラ）は，企業秩序を乱す又はそのおそれがあるとして，従前から懲戒処分の対象になると議論されていました。特に，働き方改革実行計画（平成29年3月28日働き方改革実現会議決定）において，職場のパワーハラスメント防止を強化するための対策を検討することが盛り込まれたことを受けて，「職場のパワーハラスメント防止対策についての検討会」が開催され，法による定義の明確化等の議論が進められていました。

　そして，平成31年3月8日，パワーハラスメント等のハラスメント対策の強化を盛り込んだ「女性の職業生活における活躍の推進に関する法律等の一部を改正する法律案」が国会に提出され，パワハラ関係については，令和元年5月29日に労働施策総合推進法の改正という形で成立しました。

　同法では，企業に求める雇用管理上の措置等として，「事業主は，職場において行われる優越的な関係を背景とした言動であって，業務上必要かつ相当な範囲を超えたものによりその雇用する労働者の就業環境が害され

84　第 7 章　裁判例から読み解く懲戒事由ごとの量定判断

ることのないよう，当該労働者からの相談に応じ，適切に対応するために必要な体制の整備その他の雇用管理上必要な措置を講じなければならない。」とされています（同法30条の 2 第 1 項）。

　言い換えれば，同法は，以下の 3 つの要素を満たすものをパワハラと定義し，これに対する措置義務を企業に課しているということです。

　 i ）優越的な関係を背景とした

　 ii ）業務上必要かつ相当な範囲を超えた言動により

　 iii ）労働者の就業環境を害すること（身体的若しくは精神的な苦痛を与えること）

　なお，この規定は，セクハラでいう均等法11条 1 項，マタハラ等でいう均等法11条の 3 （令和元年改正前は11条の 2 ）第 1 項・育介法25条 1 項と同じく，③の労働行政の根拠となるレベルの規定です。

　現時点では改正法が成立したのみで，指針はもちろん，施行規則の条文も明らかにはされていませんが，今後，セクハラやマタハラ等と同様にパワハラについても指針が定められ，具体的な解釈・講ずべき措置の内容等が詳述されることになります。ただ，すでにパワハラについては前述の検討会にて議論が進められており，同検討会の報告書にその内容はまとめられています。

　また，同報告書を前提に，厚生労働省は，職場のパワハラの予防・解決に向けた取組みを推進するため，企業の中でパワハラ対策に取り組む際の参考になるよう，「パワーハラスメント対策導入マニュアル」の第 3 版を作成しています。

　このマニュアル及び報告書と指針の内容はあまり変わるものではないことが予想されますので，以下紹介します。まず，同マニュアルでは，パワハラ定義の具体的内容やその行為類型（該当する例）について，次のとおり示しています。

第5節 パワーハラスメント 85

■パワーハラスメントとは？

- 職場のパワーハラスメントは，平成23年度の職場いじめ・嫌がらせ問題に関する円卓会議では，「同じ職場で働く者に対して，職務上の地位や人間関係などの職場内での優位性を背景に，業務の適正な範囲を超えて，精神的・身体的苦痛を与える又は職場環境を悪化させる行為」とその概念が整理されました。

- 職場内での優位性…パワーハラスメントという言葉は，上司から部下へのいじめ・嫌がらせをさして使われる場合が多いですが，先輩・後輩間や同僚間，さらには部下から上司に対して行われるものもあります。「職場内での優位性」には，「職務上の地位」に限らず，人間関係や専門知識，経験などの様々な優位性が含まれます。

- 業務の適正な範囲…業務上の必要な指示や注意・指導を不満に感じたりする場合でも，業務上の適正な範囲で行われている場合には，パワーハラスメントにはあたりません。例えば，上司は自らの職位・職能に応じて権限を発揮し，業務上の指揮監督や教育指導を行い，上司としての役割を遂行することが求められます。職場のパワーハラスメント対策は，そのような上司の適正な指導を妨げるものではなく，各職場で，何が業務の適正な範囲で，何がそうでないのか，その範囲を明確にする取組を行うことによって，適正な指導をサポートするものでなければなりません。

- 具体的なパワーハラスメント事案が発生した場合に，それがパワーハラスメントであったかどうか判断をするには，行為が行われた状況や行為が継続的であるかどうか等詳細な事実関係を把握し，各職場での共通認識や厚生労働省の「あかるい職場応援団」サイトに掲載されている裁判例も参考にしながら判断します

■パワーハラスメントの行為類型

- 典型的なパワーハラスメント行為として，身体的な攻撃，精神的な攻撃，人間関係からの切り離し，過大な要求，過小な要求，個の侵害の6つの行為類型があります。ただし，これらは職場のパワーハラスメントすべてを網羅するものではなく，これ以外は問題ないということではないことに留意が必要です。

平成29年度に開催された「職場のパワーハラスメント防止対策についての検討会」の中で，以下の①から③までの要素を満たすものをパワーハラスメントの概念とすることについて検討が行われましたが，現場で労使が対応すべき職場のパワーハラスメントの内容について，具体例の収集や分析をさらに行う必要があるとされたところです。

〈職場のパワーハラスメントの要素〉

① **優越的な関係に基づいて（優位性を背景に）行われること**
…当該行為を受ける労働者が行為者に対して抵抗又は拒絶することができない蓋然性が高い関係に基づいて行われること

（考えられる例）・職務上の地位が上位の者による行為　　・同僚又は部下からの集団による行為で，抵抗又は拒絶することが困難であるもの　　・同僚又は部下による行為で，当該行為を行う者が業務上必要な知識や豊富な経験を有しており，当該者の協力を得られなければ業務の円滑な遂行を行うことが困難であるもの

② **業務の適正な範囲を超えて行われること**
…社会通念に照らし，当該行為が明らかに業務上の必要性がない，又はその態様が相当でないものであること

（考えられる例）・業務上明らかに必要のない行為　　・業務の目的を大きく逸脱した行為　　・業務を遂行するための手段として不適当な行為　　・当該行為の回数，行為者の数等，その様態や手段が社会通念に照らして許容される範囲を超える行為

③ **身体的若しくは精神的な苦痛を与えること，又は就業環境を害すること（※）**
…当該行為を受けた者が身体的若しくは精神的に圧力を加えられ負担と感じること，又は当該行為を受けた者の職場環境が不快なものとなったため，能力の発揮に重大な悪影響が生じる等，当該労働者が就業する上で看過できない程度の支障が生じること

第5節　パワーハラスメント　87

（※）判断に当たっては，一定の客観性が必要であるため，「平均的な労働者の感じ方」を基準とする

（考えられる例）・暴力により傷害を負わせる行為　　・何度も大声で怒鳴る，厳しい叱責を執拗に繰り返す等により，恐怖を感じさせる行為　　・著しい暴言を吐く等により，人格を否定する行為　　・長期にわたる無視等により，就業意欲を低下させる行為

　3つの構成要素を満たしている6つの行為類型は，表2のような例があります。

表2　パワーハラスメントの3つの構成要素を満たす6つの行為類型の例

類型	例
身体的な攻撃	上司が部下に対して，殴打，足蹴りをする。
精神的な攻撃	上司が部下に対して，人格を否定するような発言をする。
人間関係からの切り離し	自身の意に沿わない社員に対して，仕事を外し，長期間にわたり，別室に隔離したり，自宅研修させたりする。
過大な要求	上司が部下に対して，長期間にわたる，肉体的苦痛を伴う過酷な環境下での勤務に直接関係のない作業を命ずる。
過小な要求	上司が管理職である部下を退職させるため，誰でも遂行可能な業務を行わせる。
個の侵害	思想・信条を理由とし，集団で同僚1人に対して，職場内外で継続的に監視したり，他の社員に接触しないよう働きかけたり，私物の写真撮影をしたりする。

※　例については，「職場のパワーハラスメント防止対策についての検討会」報告書から作成。

〔出典〕平成30年9月10日「パワーハラスメント対策導入マニュアル」（第3版）*

88　第 7 章　裁判例から読み解く懲戒事由ごとの量定判断

＊　「パワーハラスメント対策導入マニュアル」第 3 版では，第 1 版にあった次の
　記載は削除されていますが，各類型のもつ意味を考える際の参考となりますので，
　ここで紹介します。

> 1 （筆者注：身体的な攻撃）は，業務の遂行に関係するものでも「業務の適
> 　正な範囲」に含まれません。
> 2 （筆者注：精神的な攻撃）と 3 （筆者注：人間関係からの切り離し）は，
> 　原則として「業務の適正な範囲」を超えると考えられます。
> 4 ～ 6 （筆者注：過大な要求・過小な要求・個の侵害）は，何が「業務の適
> 　正な範囲」を超えるかは業種や企業文化の影響を受け，具体的な判断も，
> 　行為が行われた状況や行為が継続的であるかどうかによって左右される部
> 　分があるため，各企業・職場で認識をそろえ，その範囲を明確にすること
> 　が望ましいです。

　また，上記マニュアルではパワハラに該当する例のみ記載されています
が，前述の検討会報告書では，パワハラに該当しない例についても言及さ
れています。

【パワハラに該当しないと考えられる例】

（「職場のパワーハラスメント防止対策についての検討会」報告書より抜粋）

ⅰ　身体的な攻撃

　　業務上関係のない単に同じ企業の同僚間の喧嘩（①，②に該当しない
ため）

ⅱ　精神的な攻撃

　　遅刻や服装の乱れなど社会的ルールやマナーを欠いた言動・行動が見
られ，再三注意してもそれが改善されない部下に対して上司が強く注意
をする（②，③に該当しないため）

ⅲ　人間関係からの切り離し

　　新入社員を育成するために短期間集中的に個室で研修等の教育を実施
する（②に該当しないため）

iv 過大な要求

　　社員を育成するために現状よりも少し高いレベルの業務を任せる（②に該当しないため）

v 過小な要求

　　経営上の理由により，一時的に，能力に見合わない簡易な業務に就かせる（②に該当しないため）

vi 個の侵害

　　社員への配慮を目的として，社員の家族の状況等についてヒアリングを行う（②，③に該当しないため）

2　目的・手段からの整理

　パワハラに対する懲戒を考えるにあたっては，目的と手段について，次のような整理をすることがポイントになると考えます。

① 　当該行為の動機・目的が「ハラスメント」すなわち「いじめ・嫌がらせ」であるか否か

② 　その行為態様が (i)暴行脅迫・名誉毀損等の刑事事案か，(ii)人格・尊厳を損なう発言等の不法行為事案か，(iii)労働行政レベルの事案か，それとも(iv)企業秩序違反の事案か

　まず，動機・目的が「いじめ・嫌がらせ」にある場合，上司と部下との間の行為であれば，どのような時間帯・場所で行われたかはあまり重要でなく，原則として企業秩序を乱すものと考えるべきです。

　そして，実際にどの程度の懲戒処分を実施するかは，その手段である行為の性質，反復・継続性等の行為の態様，加害社員の反省の態度，被害社員の心身の状況，パワハラに対する企業の指導啓発状況等を考慮すること

90 第7章 裁判例から読み解く懲戒事由ごとの量定判断

になりますが，事案によっては懲戒解雇を含む厳しい懲戒処分が可能であると考えます。

また，教育・指導の目的でなされた行為であった場合，「いじめ・嫌がらせ」の目的はなかったとしても，その行為が(i)刑事責任が認められる行為，(ii)不法行為として損害賠償責任が認められる行為であった場合には，懲戒処分を実施すべきです。

そして，これらの場合にも事案によっては懲戒解雇がやむを得ないような場合もあると思われます。ただし，真に教育・指導の目的であったという点は「いじめ・嫌がらせ」目的の事案に比べ，懲戒の程度を減じる事情の1つになると考えます。

◆ **M社事件＝東京地判平27.8.7労経速2263-3**
営業ノルマ未達成である部下に対するパワハラを理由に理事・営業部長の職にあった従業員に対して降格の懲戒処分（副理事・担当部長に降格）を行った事案において，裁判所は「原告は，成果の挙がらない従業員らに対して，適切な教育的指導を施すのではなく，単にその結果をもって従業員らの能力等を否定し，それどころか，退職を強要しこれを執拗に迫ったものであって，極めて悪質である。」とし，当該降格処分を適法と判示しました。

上記M社事件は，まさに不法行為が成立するような事案でしたが，このような場合に加害社員の役職を外すこと（降職）は必須であると思います。

もっとも，人事処分と懲戒処分のいずれにより役職を外すかは，当該従業員のこれまでの功績等も考慮して決定すべきであると考えます。

また，(iii)の労働行政レベルの行為についても，企業が必要な措置を講じなければ労働行政対応を行われ得るような行為であること，そしてセクハラと同様であればおそらくパワハラでも指針において懲戒処分実施が必要とされる場面もあることからすれば，場合によって懲戒処分を実施すべきです。この点，パワハラについては，セクハラと共に禁止規定を前提に十分な研修を実施している企業も多いかと思いますので，既にそのような対策を取っていたにもかかわらず，労働行政レベルのパワハラが行われた場合には，直ちに譴責や減給等の懲戒をなし得ます。

そして，(iv)企業秩序違反のレベルについても，会社としてそれを秩序違反と考えた以上は，場合によって懲戒処分対象と考えるべきです。

ただ，(iii)(iv)のレベルは，どちらもその攻撃性・被害の程度等からして，(i)や(ii)のレベルよりも軽度であるはずですから，その点も踏まえて処分の量定を考える必要があります。

3　厳しい指導・教育と懲戒

パワハラの問題に関しては，使用者において注意すべき重要な事項があります。それは，上司が部下からパワハラと言われるのを恐れて，部下に対する注意・指導を怠ってしまうことがないようにするということです。会社組織では「パワー」での統制が前提となっており，上司から部下への具体的な指揮命令，業務命令はもちろん，企業秩序を維持するための注意・指導も当然に予定されています。

「業務の適正な範囲」内での注意・指導は適切に行わなければなりません。そのため，厳しい教育・指導に対する懲戒を考えるにあたっては，「服務規律違反に対する指導」と「能力・行動様式に関する指導」を区別すべきと考えます。

すなわち，服務規律違反行為に対しては，当然に厳しい教育・指導があって然るべきですから，特別な事案は別として，原則，懲戒対象になることはないと考えます。前述のとおり，検討会報告書においても，「遅刻や服装の乱れなど社会的ルールやマナーを欠いた言動・行動が見られ，再三注意してもそれが改善されない部下に対して上司が強く注意をする」行為はパワハラに当たらないとされています。

他方，能力・行動様式については，その部下の能力や経験からして，目標として設定した成果に当初から無理がある場合も少なからずあるといえます。そのような場合にまで，成果が上がらないからといって厳しい教育・指導をすることは，部下を精神的に追い詰めるだけともいえます。

さらに，部下の性格も多様なものがあり，こうした厳しい教育・指導に対して耐える力を持っている若者がいる一方で，耐える力を持たない若者も昭和の時代に比べて増えていると思います。上司は，部下の能力や経験はもとより，その性格，さらには日頃の部下との人間関係をも踏まえて，教育・指導を行う必要があるといえます。

したがって，この場面については，上司の厳しい教育・指導に対し，譴責等の懲戒処分も考えられますが，本質的にはその上司に対する部下管理の教育を議論すべきと思います。そして教育を行っても，一律に厳しい指導を続ける監督者は，不適格者として人事処分としての降職措置をとるのが本筋だと考えます。

◆ **アークレイファクトリー事件＝大阪高判平25.10.9労判1083-24**
　部下に対する指導として「殺すぞ」「あほ」等の発言があった事案において，「そもそも，労務遂行上の指導・監督の場面において，監督者が監督を受ける者を叱責し，あるいは指示等を行う際には，労務遂行の適切さを期する目的において適切な言辞を選んでしなければならないのは当然の注意義務と考えられる」とし，「そのような言辞をもってする指導が当該監督を受ける者との人間関係や当人の理解力等も勘案して，適切に指導の目的を達しその真意を伝えているかどうかを注意すべき義務がある」と判示して，会社に対する損害賠償請求を認めました。

☞　**上司が部下に注意指導する際の注意点**
　(1)　**人前で叱らないこと**
　　　部下を注意指導する際には，他の従業員が周囲にいる状況で行うのではなく，会議室等個室で行うよう心がけるべきです。他の従業員が周囲にいる中での注意指導は，当該部下に過剰な精神的苦痛を与え，他の従業員にも畏怖を与えかねません。
　　　ただし，男性上司が女性従業員に対して注意指導を実施する際には，女性の人事担当者を同席させるなどし，男性の上司と女性の部下による1対1の状況を作ることは避けるべきです。
　(2)　**上席の役職者から叱責を受けた際に，それを直ちに部下に落とさないこと**
　　　仮に，部下の業務遂行に関連して上席の役職者から叱責を受け

たとしても，まずは自身のところで消化し，感情の昂ったまま部下を注意指導しないよう注意すべきです。
(3) なぜ注意指導するのか理由を先に伝えること
　上司の注意指導がパワハラとの関係で問題となる際，実務では，上司の注意指導の音声が録音されているケースが少なくありません。そして，録音の音声が，理由を伝えることなくいきなり大声で叱責しているような様子であると，そこだけを切り取られパワハラとの評価を受けかねません。また，注意指導の本来的目的である，部下の反省・改善を促すためには，なぜ注意指導を受けているのかという原因，理由をきちんと当該部下に理解させる必要があります。したがって，注意指導をする際には，まず注意指導をする理由から話し始めるよう心がけるべきです。

【パワハラと厳しい指導・教育の違い】

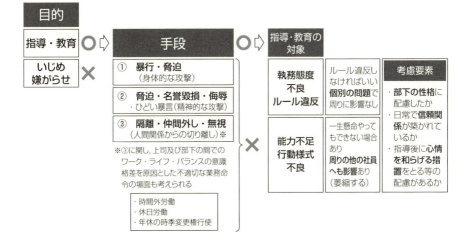

4　パワハラの被害申告に関する問題

　ところで，近時，日常の法律相談を受けていると，上司の指導に対して何でもかんでもパワハラであると被害を主張する労働者が増加傾向にある

ように思われます。

　パワハラの被害申告があれば，企業は当然調査を行います。そして，調査の結果パワハラの事実は認められなかったことから，その旨報告済みであるにもかかわらず，被害を受けたと繰り返し申告してくる従業員がいます。全く別の事案ならまだしも，同じ話の蒸し返しであるならば，企業は毅然とした態度で，当該申告者に注意するべきです。その上で，注意しても同じ話の蒸し返しを繰り返すならば，当該申告者に対する懲戒もあり得ると考えます。特に，この申告が勤務時間中に行われる場合（申告がメールによる場合のメール作成時間も含む）は，職務専念義務違反であり，早い段階でその点を指導・注意し，それでも状況が改善されない場合には，十分に懲戒対象となり，普通解雇の議論に発展する可能性もあると考えます。

POINT
・問題となっている行為の目的・動機が「いじめ・嫌がらせ」にあるかどうかをまず確認する。
・目的に問題がなくとも，手段が不適当な場合には懲戒の対象となり得るが，その行為も①刑事事案（刑法レベル），②不法行為事案（民法レベル），③労働施策総合推進法に定めるパワハラ（労働行政レベル），④企業定義上のパワハラ（企業秩序レベル）に分けて考えられる。
・特に，教育指導目的で，④企業秩序レベルのパワハラ行為がなされた場合には，懲戒をもって対応するか，人事上の措置や従業員教育の徹底によって対応するかは，十分に検討する必要がある。

第6節　業務命令違反

1　基本的考え方

　労働者による労務提供は集団的に行われることから，使用者である企業は，円滑な企業運営を行うため，就業規則等に服務規律を定めて，従業員に対しその遵守を求めるとともに，種々の指示・命令を行います。これらの指示・命令に違反した労働者は企業の指揮命令系統を乱したものとして懲戒対象となりますが，ここで重要なことは，懲戒の議論に入る前に，まず，当該命令が有効か否かを判断しなければならないということです。その命令自体が適法であることが懲戒処分を行う上で前提となります。

　したがって，命令に違反した労働者に対し行った懲戒が有効か否かを判断するためには，次の4段階のステップを検討する必要があります。

(1)　当該命令権を保有しているか

(2)　当該命令権の行使が正当か（権利濫用か否か）

(3)　当該懲戒権を保有しているか

(4)　当該懲戒権の行使が正当か（権利濫用か否か）

　命令違反に対する懲戒の程度は，当該命令権の性質に応じて大きく異なるといえますので，以下では各命令権について，命令違反に対する懲戒処分の考え方を個別に説明します。なお，本書では，違反した場合の懲戒の量定，すなわち上記(4)を中心に解説します。

　☞ **(1)・(2)のステップの判断基準のポイント**

　　本書では，(4)のステップを中心に論じますが，実務では(1)・(2)のステップにおける吟味が非常に重要です。ワーク・ライフバランスが強調されるようになった現代においては，転勤命令と介護の問題や時間

外・休日労働命令と健康問題といった議論を踏まえ，より厳格な判断がなされる場面も生じています。

そこで，(1)・(2)のステップの判断基準のポイントを簡単に示すとすれば，次のとおりです。

(1)の判断基準のポイント

① 労働契約を締結することにより，使用者が当然に保有しているか。

② ①では保有できず，当該労働契約により労働者の同意を得て，使用者が保有しているか（入社時誓約書等を通じて同意を得る）。あるいは合理性のある命令権が就業規則等に定められ，周知されることで労働契約の内容となり，使用者が保有しているか。

この命令権取得方法の差は，労働契約法14条（出向）と同法16条（解雇）の条文からも違うことが明らかにされています。すなわち，労働契約法14条は「使用者が労働者に出向を命じることができる場合」と規定しており使用者が出向を命じられない場合も想定しているのに対し，労働契約法16条は「解雇は」とのみ規定しており，使用者は当然に解雇権を有することを前提としているものと読めます。

(2)の判断基準のポイント

① 命令権行使に業務上の必要性はあるか。

② 命令権行使の目的に不当性はないか。

③ 命令権行使がどの程度，労働者に就業上ないし生活上の不利益を与えるのか。

なお，命令権の行使に業務上の必要性（①）が認められる一方で，命令権の行使が不当な目的（②）で行われていると考えられる場合には，当該命令権行使の決定的動機が業務上の必要性と不当目的のいずれにあるかによって当該命令の有効性が判断されます。

第6節 業務命令違反 **97**

2 日常の労務指揮命令違反

(1) 懲戒解雇は重きに失する

　日常業務においては，監督権の一環として，上司から部下に対し，業務内容や仕事の順番の指示等が行われますが，それらの指示に労働者が従わなかったとしても，その労働者を企業外に放逐しなければ企業秩序を維持できないというほどの重大な事由とはいえません。したがって，日常の労務指揮命令違反を理由に懲戒解雇とすることは重きに失し，権利濫用となります。このことは，研修命令，国内出張命令，事業所間の応援命令等に違反した場合も同様です。

　そこで，まずは，口頭又は書面による注意・指導を行い，それでも改善されなければ，譴責等の軽い懲戒処分を選択すべきです。そして，その後も一向に改善がなされず業務に支障が生じているという場合には，二度目の懲戒として減給処分を行い，それでも改善しなければ，最終的には普通解雇を検討することになります。この点，懲戒解雇をすることができないのは前述のとおりです。

(2) 「反抗」した場合

　もっとも，上司の指揮命令に対して，部下が単に違反するだけでなく「反抗」した場合には，より重い処分も検討し得ます。「反抗」とは，正当な理由なく指示命令に従わないという単純な不作為を超える何らかの積極的作為をいいます。

◆　旭川成工事件＝東京地判平11.11.15労経速1724-19

　　裁判所も，上司から指示された業務を全く行わず，会社の組織批判を行ったり，何の根拠もなく特定の社員を懲戒対象者であるなどと公言していた従業員に対して，再三注意・指導を実施したが改善しなかったため出勤停止5日間の懲戒を実施したところ，今度は当該懲戒処分状が偽物で処分が無効であると強弁して出勤を強行しようとし，出勤停止期間経過後も副所長が自分の直接の上司であること

98　第7章　裁判例から読み解く懲戒事由ごとの量定判断

を認めず，業務指示に全く従わない態度を取り続け，上司の作成文書が偽文書で
あるとする文書を発信し続けたといった事案においてなされた諭旨解雇を有効と
判示しました。

3　昇進命令違反

(1)　理論的整理

　企業は，人事権の行使として，各労働者の管理職としての能力や適格性
を総合的に評価して，一定の役職への昇進を命じることができます。かつ
ては，昇進を拒否する事態はあまり考えられませんでしたが，近時は労働
者のワーク・ライフバランスへの意識が強まったこともあり，昇進を拒否
する事例が増加傾向にあります。加えて，労組法2条但書1号が監督的地
位にある労働者に組合員資格を認めていないこととの関連で，組合幹部に
対する昇進命令の場面でも昇進命令拒否が問題となることがあります。

　昇進命令は，企業を組織的かつ効率的に動かすために行われる社内にお
ける労働者の組織付けですから，昇進命令違反が企業秩序に及ぼす悪影響
は甚大であるといえます。そこで，昇進命令違反に対する対応として懲戒
処分を選択するのであれば，その処分は懲戒解雇（諭旨解雇を含む）とす
べきというのが理論的結論ではあります。

(2)　実務的対応

　理論的結論としては懲戒解雇ですが，優秀な人材を解雇によって失って
しまえば企業としての損失も大きいですので，実務選択としては，まず昇
進命令拒否については契約解消の対応しかないことを伝え，翻意を促すべ
きです。それでも昇進を拒否するということであれば，従業員適性がない
として普通解雇を選択するのが穏当な対応といえます。

　もっとも，裁判例には，組合員たる係長から非組合員たる課長への辞令
を拒否したことを理由に諭旨退職を行った事案において，当該辞令が不当

第6節 業務命令違反 99

労働行為には当たらないとした上で，諭旨退職に応じて退職届を提出しな
かったことからなされた懲戒解雇を有効と判示したものがあります（津田
電線事件＝京都地判昭50.10.7労判241-45）。

4 健康診断受診命令違反

(1) 定期健康診断の受診命令違反

　労働者の健康状態を正確に把握することは労務管理上重要であり，執務
中に他の従業員に感染するおそれのある疾患も存在しますので，企業秩序
維持の観点からも，定期健康診断（労安衛法66条1項）を受診させること
は重要です。そのため，定期健康診断については命令によって受診させ，
拒否者に対しては懲戒処分をもってしても受診させることが必要となりま
す。

　ただし，健康診断拒否もその性質上，当該従業員を企業外に放逐しなけ
れば企業秩序が維持できないほどの重大な事由とまではいえませんので，
懲戒解雇することはできません。したがって，譴責，減給といった軽めの
懲戒処分を検討し，譴責・減給等の懲戒処分を繰り返しても改善する見込
みがない場合には，普通解雇を議論することになります＊。

◆ 愛知県教委（減給処分）事件＝最判平13.4.26労判804-15
　　公立中学の教員が定期健康診断における法定健診項目である結核の有無を調べ
　るためのエックス線検査を，放射線による危険を理由に二度にわたり拒否した事
　案において，同教員は労安衛法66条5項等の規定に従うべきであって，上司であ
　る校長はエックス線検査の受診を同教員に命じることができるとし，同教員が同
　校長による受診命令を拒否したことは懲戒処分事由に該当するとして，減給処分
　を有効であると判示しています。

(2) 再検査の受診命令違反

　他方で，再検査の受診については，規定上受診義務を定めれば使用者は
労働者に対して再検査の受診を命じることはできますが，定期健康診断の

100　第7章　裁判例から読み解く懲戒事由ごとの量定判断

場合と違い，再検査実施は労安衛法上使用者に義務付けられるものでなく，再検査の受診拒否に対して懲戒処分はしない方がよいと考えます。

　裁判所（電電公社帯広局事件＝札幌高判昭58.8.25労判415-39）も，使用者の再検査の受診命令について，労働者には，自己の信任する医師を選択する自由，及びあらかじめ医療行為の内容につき説明を受けた上で，これを受診するか否かを選択する自由があることを根拠に，その命令を無効として，その命令違反に基づく懲戒処分を無効としています（ただし，最高裁（電電公社帯広局事件＝最判昭61.3.13労判470-6）は，再検査の受診命令を有効とし，その命令違反に基づく懲戒をも有効としていますので，懲戒可能との立場をとっていると思われます）。

　よって，労働者の再検査受診拒否に対しては，実務上，懲戒処分ではなく労務提供受領拒否で対応するのが適切です。すなわち，労働者は，労働契約に基づき労務提供義務を負っていますが，これは心身ともに健康な状態でなされる必要があります。この点，再検査の必要があるといえるような場合，当該労働者には心身に故障ないしそのおそれがあり，債務の本旨に従った労務提供といえないおそれがあるとして，使用者はその受診をしない労働者の労務提供の受領を拒否することが可能といえます。

　さらに，再検査を受診してもその結果を報告しないような場合，当該労働者の健康面に何らかの不安要素があると考えるのが通常であり，このような場合も使用者はその労務提供の受領を拒否するのが可能といえます。

　なお，病歴については，本人に対する不当な差別又は偏見が生じる可能性のある個人情報（個人情報保護法上の要配慮個人情報）に該当しますので，検査結果の報告を拒否したことをもって懲戒処分とした場合には無効になると解されます＊。

　＊　個人情報保護法の平成28年改正により，特にプライバシー性が高い個人情報は「要配慮個人情報」とされ，その取得や第三者提供は，法令に基づく等の例外に当たらない限り，本人の同意なく行うことはできないとされました。
　　ただ，同改正を反映した個人情報保護委員会のガイドライン（「雇用管理分野

における個人情報のうち健康情報を取り扱うに当たっての留意事項」）では，雇用管理分野における健康情報についての規律水準は従前と変わらないとされています。したがって，従前の最高裁判例を前提とした議論が，現在も，基本的には妥当するものと思われます。

　そして，再検査実施自体は個人情報の取得と関係がなく，個人情報保護法が規制する場面ではないため，受診命令を行うことは可能と思われます。ただ，再検査は法令に基づくものではないため，再検査結果を取得する場合には当該取得について本人同意が必要になりますし，同意により取得した再検査結果を第三者提供する場合はその提供への本人同意も別途必要になります。

5　時間外労働命令・休日労働命令違反

(1)　時間外労働命令違反

ア　命令権の性質

　日本の雇用社会では長期雇用システムが採用され，解雇権濫用の法理が確立されているため，業務量が減少したからといって容易に従業員を解雇することはできません。そのため，10人分の基幹的・恒常的業務があっても7，8人しか雇用せず，足りない労働力は時間外労働によって補ってきました。これが日本の適正要員論と考えることができます。そのため，時間外労働命令は雇用調整機能の1つであり，使用者に認められた非常に強い命令権となっています。

イ　選択すべき懲戒の程度

　上記の時間外労働命令の性質を踏まえつつ，「今日はデートの約束があるので残業はできません」といって時間外労働命令を拒否した従業員を当然に懲戒することができるかという問題について考えてみます。

　一般論としていえば，時間外労働命令は非常に強い命令権ですから，拒否した場合は譴責等の懲戒処分とすることができます。たとえ裁判で争うことになっても，命令権の正当性は認められ，譴責等の軽めの懲戒処分で

102 第 7 章 裁判例から読み解く懲戒事由ごとの量定判断

あればその有効性も認められると考えます。

　しかし，労務管理上は，もう少し柔軟な対応が必要だと思います。「使用者には時間外労働命令権がある。だから残業は当然に命じることができる」という短絡的な考え方では，職場の雰囲気が悪くなり，業績低下にもつながりかねません。その時間外労働命令が正当かどうかは，従業員の私生活とのバランスを考えて判断すべきです。

　時間外労働を命じたとき，予定があるから残業できないといわれたら，他に代わることができる人がいないか，命令者自身が代わりにできないかをまず考えます。そして，誰も代わることができない場合には，「この資料が明日の会議に必要なのだが，あなたしかまとめられる人がいない。申し訳ないが残業して作成してもらえないだろうか」と頼むべきです。こうした配慮やコミュニケーションが，ワーク・ライフバランスが強調されるようになった現代の労務管理には不可欠です。それでも従わないようであれば，業務命令を発することになります。

　なお，事業所内での政治活動などにより譴責や出勤停止処分を複数回受け，また，本人のした手抜き作業の結果を追完・補正するために命じた残業命令を拒否し，それに対する始末書の提示命令を拒否するなど反省の態度がみられなかったことから「しばしば懲戒，訓戒を受けたにもかかわらず，なお悔悟の見込みがないとき」に該当するとして懲戒解雇した事案において，「残業命令を発したのは上告人のした手抜作業の結果を追完・補正するためであったこと等原審の確定した一切の事実関係を併せ考えると，右の残業命令に従わなかった上告人に対し被上告人のした懲戒解雇が権利の濫用に該当するということもできない」として懲戒解雇を有効と判断した判例があります（日立製作所武蔵工場事件＝最判平3.11.28労判594-7）。しかし，実務では，これは特別な事案と考えて，その態様が著しく悪いものでも時間外労働命令違反に対しては普通解雇で対応すべきと考えます＊ ＊＊。

◆ **JR 東海（大阪第三車両所）事件＝大阪地判平10.3.25労判742-61**

　　新型車両導入に伴う教育訓練を目的とした時間外労働命令を拒否したことを理由に戒告又は訓告の処分（3回以上の拒否者は戒告，2回拒否した者は懲戒処分でない訓告，1回のみの拒否者は処分保留）をした事案において，労働者の拒否理由に正当性がないことを認定した上，訓練が高度の必要性を有していたこと，大多数の対象者が訓練を受講したこと，拒否回数に応じた処分等を行うことについても相応の合理性があることなどの事情を考慮して戒告の懲戒処分は有効であると判示しています。

◆ **与野市社会福祉協議会懲戒解雇事件＝浦和地判平10.10.2労経速1682-13**

　　残業命令拒否のほか非協調的言動等を理由に懲戒解雇した事案において，残業命令拒否事実について，「この点原告は十分戒められるべきであるが，他方，原告の右所為は，譴責ないし減給処分といったより軽度の懲戒処分によって是正が可能であると思われるところ，本件懲戒解雇に至るまで，原告に処し先行する懲戒処分が全くなかったことなどの状況に鑑みれば，なお右所為をもって，原告を直ちに職場から排除するのもやむを得ない事由に当たるとするのは，いささか酷であり，本件懲戒解雇を是認することはできない」として懲戒解雇を無効と判示しています。

(2) 休日労働命令違反

ア 命令権の性質

　休日労働命令も雇用調整機能の1つとして使用者が有する業務命令権ですが，時間外労働命令とは区別して考えた方がよいといえます。なぜなら，週の法定労働時間の短縮や休日労働の割増賃金率の引き上げといった法改正の経緯に照らすと，法は休日の増加・取得を求めているといえ，休日労働命令はそれほど強い命令権ではなくなったと解されるからです。

　そのため，休日労働命令の有効性については，業務上の必要性と労働者の私生活の自由とのバランスを考慮した上で，その命令が正当なものであるかどうかを慎重に考えなければなりません。

イ 選択すべき懲戒の程度

上記の休日労働命令の性質を踏まえると，休日労働の必要性が大きい場合，例えばその従業員しか日曜日に当該業務に対応できる人がいない（非代替性），その日に対応しないと具体的に損害が生じる（損害性）といった事情がない限り，例えば子供との約束をしているような場合には，休日労働命令違反を理由に懲戒処分をすることはできないと考えた方がよいといえます。

そして，懲戒処分を行う際には，時間外労働命令違反の場面と同様，戒告や譴責といった軽い懲戒処分を選択し，命令違反を繰り返す場合でも最終的には普通解雇で対応すべきと考えます。

◆ 東洋鋼鈑下松工事事件（最判昭53.11.20労判312-32，広島高判昭48.9.25労判186-21）

就業規則及び労働協約に，業務の都合上やむを得ない場合において，予め組合と協議して合意が成立したときには休日労働命令又は休日振替ができる旨の規定があり，その旨の労働組合の合意を得て会社が振り替えた振替休日に休日労働を命じたところ，当該命令を歌声祭典準備等を理由に拒んだため，1日の給与の半額を減じる減給処分に付した事案において，「業務命令により法定外休日労働を命じられた労働者は，休日を突然奪われる結果になるが，労働者にとっては，法定外休日であっても，休日について重要な社会的個人的生活利益を有し，例えば，休日の有効利用のため事前に計画をたてて準備をし，一週間の生活設計をたてることもあるのであるから，休日を突然奪われることにより，多大の損失を受け，それが労働者にとり無視し得ない程度に至ることもありうることは，充分考慮されなければならない。」と判示した上，あらかじめ欠勤することを告げていたこと，就業規則には無断欠勤7日で譴責する旨規定されていたこと，企業秩序を混乱させ破壊することを企図していなかったこと，振替休日出勤を拒絶する相当の理由があったと解されなくはないこと等の事情を総合考慮し，減給処分は反規律の程度に比べ著しく重きに失し，懲戒権の濫用により無効と判示しています。

このように，昭和48年の判決においても，休日労働命令が労働者に与える不利益に配慮すべき旨が判示されていますが，昭和から平成を経て令和に入り，時代の変化とともにワーク・ライフバランスが強調されるように

第6節　業務命令違反　105

なった現代においては，休日労働命令により労働者に生じる不利益について，より厳格な判断がなされることは，容易に想像されます。

☞　**時間外労働命令・休日労働命令の正当性**

　　近時，安倍政権の下，働き方改革の議論が注目を集めていますが，その1つとして時間外労働の上限規制が新たに法制化されました。このような社会情勢の中，時間外労働命令及び休日労働命令の正当性の判断はより厳格なものとなっていくことが想定され，その指標の1つとして上限規制の時間数が参考になると考えます。平成31年4月施行の上限規制の内容は次のとおりです。

- 旧法の限度基準告示を法律に格上げ。罰則による強制力を持たせる。
- 週40時間，1日8時間を超えて労働可能となる時間外労働の限度を，原則「月45時間，かつ年360時間」とする。また，時間外労働及び休日労働の合計時間は「1ヶ月あたり100時間未満」とし，「2〜6ヶ月の1ヶ月あたりの平均がいずれも80時間以内」とする。
- 特別条項付き協定を締結する場合でも，以下の上限を設ける。
  ①　年間720時間を上限とする
  ②　2〜6ヶ月のいずれも平均月80時間以内（法定休日労働を含む）
  ③　単月100時間未満（法定休日労働含む）
  ④　原則を上回る特例の適用は年6回を上限とする

6　職種変更命令・転勤命令違反

(1)　命令権の性質

　職種変更と転勤は，雇用確保のための一手法です。長期雇用を前提として新卒一括採用された従業員については，たとえ担当していた業務がなくなったとしても，他の業務に職種変更して雇用を守らなければなりません。事業所が閉鎖される場合も同様です。他の事業所に転勤させて雇用を確保することになります。また，長期雇用を前提に何年も同じ事業所や部署で仕事をしていると，どうしてもマンネリ化しますから，社内の活性化とい

う意味でも転勤をはじめとする定期異動が必要になります。

　このように，職種変更・転勤は雇用確保に不可欠な手法であるため，使用者には職種変更・転勤に関して非常に広範囲で強い権限が認められています。

　次の(2)では，転勤命令違反の場面を想定して説明しますが，職種変更命令に違反した場合も同様に考えられます。

☞ **転勤命令とワーク・ライフバランス**

　　転勤は，人材の有効活用という機能に加えて，雇用確保という機能を有していることから，職種変更と同様に，幅広い裁量が認められています。東亜ペイント事件最高裁判決（最判昭61.7.14労判447-6）はその点に十分配慮した上で，単身赴任の不利益は転勤に際して労働者が甘受すべき通常の不利益にとどまるという判断を下し，当該不利益を考慮しても，定期異動という理由のみで単身赴任となる転勤を命じることができるという法理を確立しました。東亜ペイント事件の最高裁判決が出された当時，大企業に勤める以上は，労働者は通常の人事異動手段として転勤を受容していると考えられたのです。

　　これが平成10年〜20年代になり，仕事と家庭のバランスが見直されるようになりました。そのため，ワーク・ライフバランスの観点から，転勤命令の権利濫用判断における「転勤に伴い通常甘受すべき程度の不利益」か否かの判断基準が，仕事と生活の調和の方向へ修正されていくことが予想されるとの提言もなされています（菅野『労働法〔第11版補正版〕』689頁。西谷『労働法』225頁も同旨）。

　　しかし，この見解どおり雇用社会が展開するかについては筆者は疑義があります。

　　政府は現在，「正社員の多様化」について議論しており，おそらくこの政策は現実に進んでいくと思われます。そして，勤務地限定正社員や職務限定正社員，勤務時間限定正社員といった「多様な正社員」の普及が進むと，労働者側に単身赴任を拒否したい事情があるのであれば，自ら勤務地限定正社員を選択して勤務する道が開けるようになります。このように労働者自身に選択肢が付与される以上，もし労働者が，全国転勤も辞さないという形での正社員雇用を自ら選択するのであれば，現実に単身赴任を伴う転勤命令が出された時，そこでの家

庭問題は自分で責任を持って解決するべきということになっていくと考えられます。そうなると、転勤命令の枠組みは、その人自身が選んだ正社員の形態で変わってくるはずです。

このように、私生活上の不利益が「転勤に伴い通常甘受すべき程度の不利益」かどうかという問題は、これまでの総合職の転勤の議論とは異なり、「正社員の多様化」の実現を経て、労働者自身の「選択」の問題に集約されていくのではないかと考えます。

(2) 選択すべき懲戒の程度

転勤命令が正当である限り、転勤命令を拒否した場合の懲戒は、原則として懲戒解雇を選択することになります。なぜなら、出勤停止等の懲戒では、当該従業員が被る不利益が、転勤に応じた場合に被る不利益よりも小さいといえるからです。出勤停止等の契約存続を前提とする懲戒では、ライフスタイルや仕事に対する価値観が多様化している今日、たとえ昇進・昇格が遅れても、家族のことを考えれば慣れ親しんだ土地を離れたくないと転勤命令を拒否する可能性があります。このような理由で転勤命令拒否を認めてしまっては、企業の円滑な運営は成り立たなくなりますし、雇用を確保することも困難になります。そのため、懲戒としては最も厳しい懲戒解雇が選択されることになるのです。この点、転勤を避けるため自ら退職届を出す者もいますが、使用者は必ずしも退職届を受諾する必要はないので、退職届を受け取らずに辞職の効力が発生する前に、転勤命令拒否を理由に懲戒解雇することも可能です。

もっとも、懲戒解雇を選択した場合には、労働者の将来の再就職問題や退職金没収の問題が別途発生します。そこで、事案にもよりますが、転勤命令に従わない労働者には、訴訟リスク回避という観点から、まずは自主退職を説得し、説得に応じない場合には普通解雇を行って退職金は支給するという方法がよいと考えます。

普通解雇・懲戒解雇いずれを選択するにせよ、赴任日を越えてでも、下記「転勤命令拒否者への対応例」に示すような方法で慎重に手続を進める

べきです。

　なお，転勤命令拒否者に対し，翻意を促すために一度譴責とし，それでも拒否した場合に懲戒解雇とするといった方法をとる会社もありますが，二重処罰に当たるとの議論に巻き込まれる可能性があるため適当でないと考えます。

【転勤命令拒否者への対応例】
①　旧職場への就労は明確に拒否する。強行就労については，旧職場での労務提供の受領を拒否することを，文書により明確にする。
②　新職場（転勤命令に従う）への就労を説得する。説得にあたっては，業務上の必要性，人選理由などを直属の上司から積極的に何度も説明する（本人と親密な上司がいれば，その者にも説得させる）。なお，説明をした日時・内容は書面に記録として残しておく。
③　拒否の理由を十分に聞いて，その点についての疑問などに答えるとともに，共稼ぎのような場合は転勤先での配偶者の就職をあっせんするなど，拒否理由の解消に尽力する。
④　②と③の期間は，少なくとも2週間～1ヶ月間をめどとする。
⑤　旧職場に後任者が決まっていれば，予定どおり就労させる。
⑥　説得期間中の新職場（業務上の必要性で人員が必要な場合）の対応については，応援などの暫定措置で行うことを基本とする。
⑦　説得に応じない場合は，内容証明郵便で赴任の最終期限を通告し，それでも応じない場合は，労働契約の解消となることを警告する。

---

(3)　指名ストと転勤命令違反

　労働者が転勤命令を受けた際に，当該労働者の所属する労働組合が転勤命令の撤回を要求して，転勤命令を受けた労働者（組合員）を個別に指名してストライキを実施（指名スト）させることがあります。

　このような指名ストも，転勤命令の履行回避（赴任拒否）それ自体を目的とするのではなく，会社からの譲歩を引き出す目的による争議手段として行われていると認められる場合には，正当性を有するとされます。

　したがって，正当性のある指名ストを理由に懲戒解雇を実施した場合に

は，当該懲戒解雇は無効と判断されます。

◆ **新興サービス事件＝東京地判昭62.5.26労判498-13**

　会社が，従業員に対して，配転を命じたところ，配転を命じられた従業員の所属する労働組合が，配転は不当労働行為であるとし，その撤回を要求して，当該従業員を指名してストライキ権を行使させたため，配転命令拒否を理由に，当該従業員を懲戒解雇したという事案において，裁判所は「組合が使用者の従業員に対する配転命令を不当として争議行為を実施するに際し，争議手段として配転対象者の労務不提供という手段を選択し，当該従業員がこの指令に従い配転命令を拒否して新勤務に従事しないという争議行為に出でたときは，当該争議行為は，労務不提供にとどまる限り，正当性を有するものと解すべきである。」と述べた上で，「本件ストライキ権の行使は，組合が本件配転命令を不当労働行為であると考えてその撤回を要求する組合の指令に基づいて実施されたものであるから，その目的において正当であるばかりか，その手段においても本件配転命令自体を拒否して配転先の勤務に従事しないという労務の不提供にとどまるものであるから，正当というべきである。」として，配転命令拒否を理由とする懲戒解雇も無効と判示しました。

　もっとも，配転を拒否するという消極的な態様にとどまらず，配転前の従前の職場で強行的に就労するといった積極的な態様が取られた場合には，会社の人事権を侵害し，もはや指名ストに正当性が認められる余地はないと解されます。したがって，その場合には，業務命令違反を理由とした懲戒解雇も有効になし得るといえます。

　前掲新興サービス事件と同様，配転命令を命じられた従業員の指名ストの有効性等が争点となった青森銀行事件＝青森地判昭45.4.9労民21-2-492では，「赴任拒否闘争は単に新任店に赴任しないという限度では，消極的に使用者に対し労働力の提供を拒否する点でストライキ的争議手段と解しうるが，さらに進んで使用者の就労拒否命令を排除して旧任店で強制的に就労を続行することは，使用者の人事権を無視し，その人事権能の一部を労組において行使せんとするものであるから，たとえ争議行為が多かれ少なかれ使用者の労務指揮権を排除する性質を帯びているものであるとしても，かような争議行為は前記目的との関連を考慮してその闘争期間が極めて短期間であるとかの特段の事情が存在しないかぎりは違法性を帯びるものといわなければならない。」と判示されています。

　では，配転命令が出た後，新たに組合に加入し，その後に団体交渉や指

名ストに発展するといったケースはどう考えるべきかという問題があります。昨今，コミュニティユニオンや合同労組に，本来の集団労使紛争という形ではなく，従業員の個人的な労働紛争を解決するために，労働者が新たに加入することが多く見受けられる状況下では，このような事態が生じることも十分あり得ます。

　筆者としては，上記のようなケースについては，配転命令時には労働組合に加入しておらず不当労働行為の問題が生じるおそれがなかった事案であることから，正当な理由のない配転命令拒否の問題として処理することが可能であると考えます。

7　出向命令・転籍命令違反

(1)　出向命令違反

　出向命令拒否者に対する懲戒についても，転勤命令拒否者に対するのと同じ理由から懲戒解雇を選択することになります。

　すなわち，国内の出向については転勤と同様，雇用保障という意味合いがありました。日本では雇用保障があり，解雇による人員整理が難しいため，転勤・出向によって人員調整を行ってきたという背景があります。したがって，国内の転勤・出向に関しては，雇用保障の見返りという要素ゆえに，使用者に幅広い，強い権限が認められているのです。

　ただし，整理解雇を回避するために行われる出向命令は，使用者の権利の行使ではなく整理解雇回避義務の履行ですから，業務命令というよりは雇用を確保するための労働者に対する提案と考えるべきです。したがって，この場合は，出向命令拒否を理由として懲戒解雇することは望ましいといえません。出向命令に従わなければ整理解雇の対象になり得るという対応になります。

　なお，整理解雇を回避するという目的であれば，希望退職を募ることも実務対応のひとつです。整理解雇の必要性がある場合，使用者は労働者に

対して，①出向に応じるか，②退職金の上積みによる退職を希望するかを選択させるという方法です。そして，労働者がいずれも選択しなかった場合には，整理解雇の必要性があるとして普通解雇します（ただし，この方法には，人選の合理性という問題が残っています）。このような方法であれば，労働者に退職金上積みによる希望退職が選択できる余地が残りますから，解雇後に訴訟が起きるリスクを軽減することができます。

また，出向命令拒否の場合にも，拒否理由を確認し，説得するといった慎重な手続をとるべきことは，転勤命令拒否の場合と同様です。

◆ **ダイワ精工事件＝東京地八王子支判昭57.4.26労判388-64**
（懲戒事案ではなく普通解雇の事案です）

親会社から同一資本系列の販売会社への出向命令拒否を理由とする普通解雇を無効とした仮処分決定に対する異議申立事件において，「出向命令が合理性を備えている場合には，それが右予測を超え債権者の生活関係を根底から覆えす等の特段の事情がない限り，これを拒むことは許されない」から，当該出向命令に服すべき義務があるとした上，「会社の出向命令に正当な事由がないのに従わないことは会社の企業秩序を乱す重大な業務命令違反行為となるから，（中略）本件解雇の意思表示は有効である。」と判示しています。

(2) 転籍命令違反

転籍については，労働者の同意が必要であり，その同意は入社時の包括的同意では足りず，転籍時の個別的同意が必要だと一般的には説明されています。

したがって，転籍命令違反に対する懲戒処分は，原則として観念し得ないことになります。もっとも，仮に，極めて密接な関係にある企業グループ内の他社への転籍命令が有効と解される場合には，出向命令の場合と同様，命令拒否者には懲戒解雇を選択することとなります。

8 海外出張命令・海外転勤命令・海外出向命令違反

　国内企業の海外進出は，諸外国との貿易摩擦の解消の必要性，国内の人件費の高騰による経費削減の必要性等の理由から，今日も目覚ましく，市場のグローバル化に伴い，近年，海外出張・転勤・出向の重要性は急速に強まっているといえます。

　海外への出張・転勤・出向命令を拒否した場合にも，命令違反に対する懲戒処分としては国内の各命令違反の場合と同様の処理となりますが，海外の場合にはそもそも企業が当該命令権を保有しているかが大きな問題となります。

　国内の場合には，転勤・出向については雇用保障の見返りとして一定の要件のもと企業が命令権を保有しますが，海外の場合には雇用確保の観点ではなく専ら業務上の必要性から実施されるものですから，就業規則等の規定が必須となります。特に，海外出向については，出向先，出向期間，出向先での労働条件及び復帰条件等をあらかじめ規定し，入社時に説明しておくことが必要と解されます。

　もっとも，命令権があったとしても，海外への出張・転勤・出向は，外国の政情不安や治安不安等を理由とした拒否に正当性が認められる可能性があります。

　このように海外への出張・転勤・出向は，命令権の保有が問題となり，また労働環境に著しい変化を与えるという観点から命令権行使の正当性にも議論が生じ得ます。したがって，実務では，命令時に個別同意を得て行う方がトラブルを避ける意味でも望ましいといえます。このような対応によれば，命令違反の場面は生じ得ず，懲戒処分の問題が生じることもありません。

　なお，個別同意なく海外出張・転勤・出向命令を行った場合において，その命令が有効と解される場合，命令違反に対する懲戒の問題は，国内で

の命令違反の場合と同一になります。しかし，前述のとおり，海外の場合には雇用保障の見返りといった意味合いがないため，できる限り懲戒解雇は避け，退職届の取得を目指すのが実務的な対応といえます。

9　有給休暇時季変更命令違反

労働者の有休申請に対し，使用者の時季変更権が正当に行使されると，当該有休申請の対象日は通常どおり労働日となります。したがって，時季変更権が正当に行使されたにもかかわらず，労働者がそれに従わず欠勤した場合には，無断欠勤として扱うことになります。

無断欠勤した場合の懲戒処分の考え方については，次の第7節で説明します。

POINT
- 業務命令違反者に対する懲戒を検討する際には，まず前提として，その業務命令自体が有効であるか否かを確認する。
- 業務命令違反者に対する懲戒の程度は，命令権の性質に応じて大きく異なることから，その命令権の性質を把握する必要がある。

第7節　債務不履行

1　債務不履行に対する考え方

労働者は労働契約の締結により，使用者に対して，指揮命令に従い，誠実に労務提供を行う債務を負担します。そのため，労働日に欠勤したり遅

刻・早退することは，労働者の約束違反，すなわち債務不履行となります。業務成績不良といった事態も一種の債務不履行（不完全履行）です。

これらの債務不履行は，約束違反として是正の対象となりますが，直ちに懲戒処分の対象となるものではありません。そのため，使用者は，監督権限に基づいて注意・指導を実施し，労働者に対して債務不履行の是正及び約束どおりの債務の履行を求め，それでも労働者の行動が是正されない場合には，異動や降格等の管理権限を行使して対応することになります。

もっとも，企業組織における集団的な労務提供の場においては，一人の約束違反が他の従業員の労務提供に悪影響を与えることが往々にしてあるため，債務不履行もこの観点から企業秩序違反行為として懲戒対象となることがあります。

◆ **カルティエジャパン事件＝東京地判平11.5.14労経速1709-25**
裁判所も，接客態度不良・協調性欠如を理由に懲戒解雇した事案において，「本件で問題になっている事柄は，一種の債務不履行（不完全履行）としての側面を備えているが，これにとどまらず，その態様において，他の従業員の士気にも影響を及ぼし，企業秩序を乱すものとしての側面を備えていると考えられるから，これを懲戒解雇事由に該当するものとすることは，その意味でも相当と言わざるを得ない。」と判示しており，債務不履行が企業秩序を乱すことになれば懲戒事由となり得ることを認めています。

したがって，単なる債務不履行の問題にとどまるのか，会社の人事配置に影響を与える，もしくは従業員の士気に影響を及ぼすなど，企業秩序を乱す，又は乱すおそれのある行為にも該当する行為であるのか，といった点から懲戒処分の有効性を判断することになります。

債務不履行の代表例としては，遅刻・早退，欠勤（無断欠勤），勤務態度不良，協調性不足等が挙げられます。

遅刻・早退が多数回にわたって繰り返されるような場合には，職場全体の能率・士気に悪影響を及ぼすことから懲戒対象になるといえます。

また，無断欠勤は届出という手続を懈怠したことによる秩序違反という側面も有しており，業務に与える支障という点では遅刻・早退よりも大き

いといえますので，懲戒対象として遅刻・早退事例に比べて程度の重い懲戒処分も検討し得ます。

勤務態度不良や協調性不足ゆえに成績不良となった場合についても，従業員間に不和を生ぜしめ職場秩序を乱すことが想定されることから懲戒対象になると思われます。他方，私傷病による欠勤や能力不足による成績不良等の場合には，企業秩序を乱すとはいえないため懲戒対象とはなりません。この場合には，前述の監督権限・管理権限に基づいた対応を行うこととなります。

2　選択すべき懲戒の程度

では，債務不履行が懲戒処分の対象となる場合，懲戒解雇や諭旨解雇といった労働契約の解消を前提とする懲戒処分まで選択できるのかというと，それは適当ではないと考えます。

確かに，裁判例の中には，秩序違反をもたらす債務不履行を理由とした懲戒解雇又は諭旨解雇を有効と判断したものも存在します（遅刻・早退について三重近畿タクシー事件＝東京地判平8.8.15労判702-33，無断欠勤について開隆堂出版事件＝東京地判平12.10.27労判802-85，職場離脱について東京電力事件＝東京地判平21.11.27労判1003-33，協調性不足について前掲カルティエジャパン事件など）。

しかし，これまでにも説明してきたとおり，懲戒解雇は極刑を意味しますので，軽微な懲戒事由の積み重ねを理由に懲戒解雇を実施することは適当ではありません。これを許すということは，刑事事件に例えれば，窃盗を何度か繰り返した者に対して死刑を言い渡すようなものです。しかし，実際には窃盗を繰り返したからといっても死刑にはなりません。このように死刑に該当しない罪が複数合わさっても死刑にならないのと同様に，懲戒解雇とすることが相当でない事由が複数重なったとしても，懲戒解雇とすることは相当とはならないと考えるべきです。

遅刻・早退や欠勤をはじめとする債務不履行の場合，行為性質の悪性という観点からは，それ自体をもって懲戒解雇とすることが相当といえるほど企業秩序が乱されることは通常想定されないと思われます。

裁判例においても，3年余りにわたって恒常的に遅刻を繰り返していた従業員を懲戒解雇した事案において，当該従業員の勤怠を会社が従前問題視しておらず，過去に何ら懲戒を実施していないばかりか，遅刻が継続している間に当該従業員を取締役に就任させていることなどを指摘して，懲戒解雇事由となる「その程度が著しく重いとき」には該当しないとして無効としたもの（ヤマイチテクノス事件＝大阪地判平14.5.9労経速1810-23）や，概して非協調的な言動を行っていた従業員を懲戒解雇した事案において，譴責ないし減給処分といった軽度の懲戒処分によって是正が可能と述べ，懲戒解雇は重きに失し権利濫用により無効としたもの（与野市社会福祉協議会事件＝浦和地判平10.10.2労判750-86）があり，これらは結論として相当であるといえます。

3　実務における対応

(1)　改善機会の付与

債務不履行を本質とする行為に対しては懲戒解雇や諭旨解雇といった労働契約解消を前提とする懲戒処分をするべきでないことは，既に繰り返し説明したとおりです。実務上は，債務不履行を本質とする行為に対しては，次の対応が望ましいと考えます。

債務不履行は労働者による約束違反ですから，

①　まずは監督権限に基づいて是正・改善を求め，3ヶ月間程度，勤務態度等について改善の様子を確認する期間を設けます。

②　その後も改善がないようであれば，次の段階として譴責や減給等の是正を求める比較的軽微な懲戒を実施します。

③　以上の手続を経ても改善の兆しがない場合には，最終的には普通解

雇を検討します。

現在の裁判実務では，普通解雇の有効性につき，債務不履行の本質を持つ行為を理由にする事案であっても，改善機会の付与の1つとして懲戒を実施したか否かを重要な判断要素としていることから，上記②の懲戒を実施することが手続として重要です。また，注意・指導を行う際には，その内容とそれに対する本人の反応（無視，反発，自己弁護等）を詳細に記録しておくことが，最終的に普通解雇を決断する際に労働者の改善可能性を判断する上で大切となります。

なお，債務不履行を本質とする行為に対する普通解雇を有効とした裁判例としては，ハイブリッドインターナショナル事件＝大阪地判平8.11.1労経速1621-11，東京海上火災保険（普通解雇）事件＝東京地判平12.7.28労判797-65などがあります。

(2)　軽微な懲戒処分と普通解雇

使用者が従業員を普通解雇した事案において，裁判所がどのような要素に着目して解雇の有効・無効を判断しているかを知ることは重要なポイントです。

東京地裁の裁判官が執筆した『労働事件審理ノート［第3版］』の記載を参考に，裁判所の考え方を整理すると次のとおりとなります。

解雇権濫用の有無を判断する具体的事情として，(1)勤務成績や勤務態度などが不良で，職務能力や従業員としての適格性を欠いているかどうか（同書において「単なる債務不履行」と表現した部分）を判断するには，次の点などを総合的に検討するとしています。

---

①　当該企業の種類・規模
②　職務内容
③　労働者の採用理由（職務に要求される能力及び勤務態度がどの程度か）

④ 勤務成績・勤務態度の不良の程度（企業の業務遂行に支障を生じ，解雇しなければならないほどに高いかどうか）
⑤ その回数（1回の過誤か，繰り返すものか）
⑥ 改善の余地があるか
⑦ 会社の指導があったか（注意・警告したり，反省の機会を与えたか）
⑧ 他の労働者との取り扱いに不均衡はないか

　また，(2)規律違反行為があるかどうかを判断するには，次の点などを同様に総合的に検討するとしています（企業秩序を乱す場合には，懲戒解雇もあり得ます）。

① 規律違反行為の態様（業務命令違反・職務専念義務違反・信用保持義務違反など）
② 規律違反行為の程度
③ 規律違反行為の回数
④ 改善の余地の有無

　この点，近時の地方裁判所の判断をみる限り，(1)勤務成績や勤務態度の不良により適格性が欠けていること，(2)規律違反行為があること，を理由に普通解雇する場合には，どのような場合であっても懲戒手続等の十分な反省の機会を与えたのかにより判断するという，いわば「マニュアル化」した判断がなされている印象があります*。

　　＊　近時マニュアル化した判断をすることについて，一部，批判的な裁判官もいます。しかし，地方裁判所全体でみれば，やはりマニュアル化して判断する傾向にあるといえます。

　このことを前提とすれば，普通解雇の有効性が争われた場合には，反省の機会として与えられた従前の懲戒処分の有効性も合わせて議論の対象になることが想定されます。そして，その懲戒処分が無効とされた場合には，

第7節　債務不履行　119

適切な反省の機会が設けられていなかったこととなり，その後の普通解雇の有効性も否定されかねません。したがって，反省の機会を与えるべく軽微な懲戒処分を実施する場合においても，その有効性は慎重に吟味する必要があるといえます。

　もっとも，使用者にどの程度の改善手続が必要かは，一般的にマニュアル化できるものではなく（ただし，東京地裁の裁判官が示した解雇手続のあり方は，不透明といわれた解雇訴訟について実務のあり方を示すもので，十分に評価され得るものと考えています），新卒一括採用者から地位特定者まで，勤務間もない者から40年の勤続がある者まで，多様な労働関係にある当事者ごとに，柔軟にその改善手続の必要性とその程度を考える必要があります*。

＊　地方裁判所において，改善手続が十分でないことを理由の1つとして，普通解雇は無効であると硬直的な判断がされた後，控訴審あるいは上告審において，マニュアルに沿わない判断がなされ，普通解雇は有効であるとされた事案として，次のような裁判例があります。

　①　カジマ・リノベイト事件＝東京高判平14.9.30労判849-129

　　業務命令違反を理由に4回にわたって譴責処分をした後に，勤務成績・能率不良等を理由に普通解雇した事案において，第一審は，労働契約関係を維持したまますること，譴責を上回る程度の減給，出勤停止等の懲戒処分を実施していないことなどを指摘して，本件解雇は解雇権の濫用にあたり無効であるとしましたが，控訴審は，「日頃上司から注意を受けていたのにこれを聞き入れずほとんど改善することがなかったため4回にわたるけん責処分を受けたが，それでも被控訴人の態度に変化がなかったことから控訴人は本件解雇に至ったとみることができ」るとして，本件解雇を有効としました。

　②　小野リース事件＝最判平22.5.25労判1018-5

　　勤務態度不良等を理由に普通解雇した事案において，第一審は，自らの勤務態度を改める機会を与えていなかった点を指摘して，本件解雇は無効であり不法行為にあたるとし，控訴審もこれを維持しましたが，上告審は，「幹部従業員である被上告人にみられた本件欠勤を含むこれらの勤務態度の問題点は，上告人の正常な職場機能，秩序を乱す程度のものであり，被上告人が自ら勤務態度を改める見込みも乏しかったとみるのが相当である」ことを指摘した上，

「懲戒処分などの解雇以外の方法を採ることなくされたとしても，本件解雇が著しく相当性を欠き，被上告人に対する不法行為を構成するものということはできない。」として，本件解雇の不法行為該当性を否定しました。

③　南淡漁業協同組合事件＝大阪高判平24.4.18労判1053-5

　規律違反行為や勤務状況の不良等を理由に普通解雇した事案において，第一審は，「原告の職務状況に照らしても，解雇を含む厳しい処分があり得る旨を明示して指導や警告をしていれば，あるいは職務態度を大幅に改善できたのではないかとの蓋然性は否定できない。被告が原告に対し，このような指導や警告をすることなく，また，減給や出勤停止といった段階的な処分をすることなく本件解雇処分を行ったことは，著しく不合理で，社会的相当性を欠くといわざるを得ない。」として，本件解雇は解雇権の濫用にあたり無効であるとしましたが，控訴審は，「１審原告は，本件解雇処分の前の段階で，１審被告代表者らから，解雇を含めて厳しい処分を検討しているので職務態度を改善するようになどといった指導や警告を受けておらず，かかる指導や警告を受けたなら，１審原告が職務態度を改善した蓋然性があったと主張する。しかし，上記のとおり１審原告が他の職員との会話をせず，職務上必要な連絡や伝達さえも行わない状態を長期間にわたって続けており，１審被告代表者からの注意や指導に対しても，何らの説明や弁明をすることもなく，むしろ反発を強めるだけであった一連の態度に照らすと，１審原告の主張は到底採用することができない。また，段階的な処分を踏むべきであったとの１審原告の主張についても，１審被告代表者からの注意や指導に対して一向に態度を改めることがなく，かえって反発を強めるばかりであった１審原告の一連の態度に照らすと，段階的な処分によって１審原告が態度を改善させる可能性があったものとは認められないから，１審原告の主張は認められない。」として，本件解雇を有効としました。

④　海空運健康保険組合事件＝東京高判平27.4.16労判1122-40

　従業員としての資質，能力を欠くこと等を理由に普通解雇した事案において，第一審は，原告が人事考課上，消極評価を受けた際，原告について降格・降級が２回にわたりされてはいるが，これを超えて，事務に支障が生じたとして，原告に対する訓告等の懲戒処分がされたことはないことに触れた上で，「本件解雇は，その手続面においても，早急に過ぎる面があったといわざるを得ない。」と述べ，本件解雇は無効であるとしましたが，控訴審は，「被控訴人は，上司の度重なる指導にもかかわらずその勤務姿勢は改善されず，かえって，被控訴人の起こした過誤，事務遅滞のため，上司や他の職員のサポートが必要と

なり，控訴人全体の事務に相当の支障を及ぼす結果となっていたことは否定できないところである。そして，控訴人は，本件解雇に至るまで，被控訴人に繰り返し必要な指導をし，また，配置換えを行うなど，被控訴人の雇用を継続させるための努力も尽くしたものとみることができ，控訴人が15名ほどの職員しか有しない小規模事業所であり，そのなかで公法人として期待された役割を果たす必要があることに照らすと，控訴人が被控訴人に対して本件解雇通知書を交付した平成24年3月30日の時点において，被控訴人は，控訴人の従業員として必要な資質・能力を欠く状態であり，その改善の見込みも極めて乏しく，控訴人が引き続き被控訴人を雇用することが困難な状況に至っていたといわざるを得ない」としました。そして，被控訴人が懲戒処分を受けたことがない点については，「被控訴人が控訴人から度重なる指導を受けていたことは前記認定のとおりであり，しかも，被控訴人は2回にわたって降格・降級を受けているのであるから，本件解雇に至るまでに控訴人が被控訴人に対して懲戒処分をしたことがないからといって，被控訴人に重大な過誤や事務遅滞がなかったということはでき」ないとして，本件解雇は有効であるとしました。

POINT

- 遅刻・早退，欠勤，協調性不足などは，本来的には労働契約上の債務不履行の問題であるから，懲戒を検討する際には，当該遅刻等が企業秩序に与えた影響を慎重に検討する必要がある。
- 懲戒を実施する際にも，懲戒解雇等の契約解消を前提とする懲戒は避け，改善の兆しがないような場合には普通解雇を検討する。

第7章　裁判例から読み解く懲戒事由ごとの量定判断

| 第8節 | 企業秘密の漏洩等 |

1　「企業秘密」の「漏洩」とは

　企業秘密が流出した場合，企業に与える影響・損害は計り知れないものがあります。例えば，製造開発に関する極秘の技術資料が流出すれば当該企業の競争力は大きく削がれるおそれがありますし，また，顧客情報が流出したような場合には企業の信用性は損なわれ，場合によっては顧客から民事損害賠償を請求されてしまうといった事態にも発展し得ます。そのため，企業が企業秘密の漏洩を行った従業員に対して，懲戒処分という厳罰をもって臨むのもやむを得ない事情があるといえます（なお，内部告発といった公益目的での企業秘密漏洩は，第9節で説明します）。

　「企業秘密」は，法律上の概念ではなく，明確な定義があるわけではありませんが，本書では「企業の業績に影響を及ぼし得る一切の情報で公表されていないもの」を指すこととします。そして，一般に「企業秘密」と呼ばれるものを大きく区分すると3つに分類できます。1つ目は，営業上・産業上有用な情報，2つ目は，人事・労務管理上の秘密，3つ目は，企業の不祥事に関する秘密です。また，3つ目の企業の不祥事に関する秘密は，さらに，企業が粉飾決算を行っているといった企業自体の不祥事に関する情報と，従業員が他の従業員に対してセクハラを行ったといった従業員についての不祥事に関する情報に分類することができます。

　このように，企業秘密には，企業にとって有益な情報だけではなく，不利益な情報も含まれます。

　なお，企業秘密には，不正競争防止法上の「営業秘密」（同法2条6項）も含まれますが，営業秘密には，秘密管理性（秘密として管理されて

いる），非公知性（公然と知られていないもの）とともに，有用性（生産方法，販売方法その他の事業活動に有用な技術上又は営業上の情報）が要件とされていることから，上記区分でいうところの３つ目である企業の不祥事に関する秘密は，営業秘密には該当しないという整理になります。

☞ **人事・労務管理上の秘密と「営業秘密」**

　　経済産業省へ電話確認したところによれば，不正競争防止法２条６項に規定する「営業秘密」は，公序良俗に反する内容の情報（脱税や有害物質の垂れ流し等の反社会的情報）など，秘密として法律上保護されることに正当な利益が乏しい情報を除いたもののうち，「秘密管理性」，「有用性」，「非公知性」の要件を満たすものであれば，いずれも該当すると考えられています。したがって，人員配置戦略や人事情報であっても，これらの要件を満たせば，営業秘密に該当するとされるとのことです。

　また，公益通報者保護法は，公益通報をしたことを理由とする通報者の解雇や懲戒等の不利益取扱いの無効等を定めることにより，公益通報者を保護しています。同法の定める「通報対象事実」とは，個人の生命又は身体の保護，消費者の利益の擁護，環境の保全，公正な競争の確保その他の国民の生命，身体，財産その他の利益の保護にかかわる法律として別表（次頁参照）に掲げるものに規定する罪の犯罪行為の事実ないしはそれら法律の規定に基づく処分の理由となる事実をいいます。例えば，企業が労基法に違反している事実も通報対象事実に該当します。企業が労基法に違反している事実は，上記区分でいうところの３つ目である企業の不祥事に関する情報に該当しますので，企業秘密の一部が通報対象事実に該当するという関係になります。

　そして，営業秘密は，既に説明したとおり，「有用性」が要件とされており，法令違反の事実には有用性が認められないため，営業秘密と通報対象事実は重複しないことになります。

　次に，「漏洩」についてですが，一般に「漏洩」とは，「秘密などが漏れること。秘密を漏らすこと。」をいいます。そのため，企業秘密の流出の

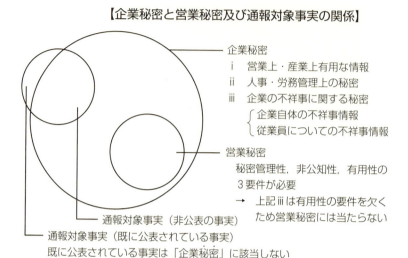

別表（第2条「通報対象事実」関係）
①刑法, ②食品衛生法, ③金融商品取引法, ④日本農林規格等に関する法律, ⑤大気汚染防止法, ⑥廃棄物の処理及び清掃に関する法律, ⑦個人情報の保護に関する法律, ⑧前各号に掲げるもののほか, 個人の生命又は身体の保護, 消費者の利益の擁護, 環境の保全, 公正な競争の確保その他の国民の生命, 身体, 財産その他の利益の保護にかかわる法律として政令＊で定めるもの
＊政令で定められているもののうち労働関連法令
①労働関係調整法, ②労働基準法, ③労働者災害補償保険法, ④職業安定法, ⑤労働組合法, ⑥厚生年金法, ⑦最低賃金法, ⑧障害者の雇用の促進等に関する法律, ⑨労働安全衛生法, ⑩雇用保険法, ⑪賃金の支払い確保等に関する法律, ⑫育児休業, 介護休業等育児又は家族介護を行う労働者の福祉に関する法律, ⑬介護労働者の雇用管理の改善等に関する法律, ⑭確定給付企業年金法, ⑮確定拠出年金法

場合，秘密を故意的に漏洩した場合だけでなく，過失により企業秘密が流出した場合にも企業秘密の漏洩に該当することになります。

そして，故意的な企業秘密の漏洩等の類型としては，

① 企業秘密を持ち出した場合
② 企業秘密を持ち出した上，漏洩した場合
③ 企業秘密の持ち出し行為はないが，企業秘密を漏洩した場合

の3つの類型が想定されます。

第8節 企業秘密の漏洩等　125

2　選択すべき懲戒の程度

　懲戒処分の程度は個別の事案の事情にもよりますが，重要な企業秘密を漏洩し，会社に損害を生じさせた場合，又はそのおそれがある場合には懲戒解雇が可能な場合もあります。企業秘密の漏洩，情報の持ち出し等を理由とした懲戒処分を行う場合には，当該企業秘密の重要性，開示の目的，漏洩による会社の損害の有無・程度，企業運営への影響等を総合的に考慮し，企業にとって重要な情報で，かつ背信性が高いと認められる場合には，懲戒解雇を検討することになります。

　前記の①〜③の類型の比較でいえば，持ち出しだけの①の類型に比べると，漏洩事例である②・③の類型の方が，企業の損害，企業運営に与える影響は大きいといえることから，懲戒の程度としても一般的に重くなるものと考えられます。また，②と③の類型では，②の方が③に比べて行為態様の点で悪質であると一般的に評価されますので，②の類型の方が③の類型よりも懲戒の程度としては重くなると考えます。

☞　**行為類型ごとの裁判例**
①　企業秘密を持ち出した場合
　　従業員が自費購入し業務に使用していた外付けハードディスクドライブを社内取引に関する情報が記録されたまま持ち帰ったことを理由に懲戒解雇された事案において，ハードディスクを自宅に持ち帰った事実は認められるものの，ハードディスクに保存された情報が外部に流出したことは確認されていないとして，持ち帰り行為が「会社の業務上の機密及び会社の不利益となる事項を外に漏らさないこと」という服務心得の違反には該当しないと判示した上で懲戒解雇を無効とした裁判例があります（乙山商会事件＝大阪地判平25.6.21労判1081-19）。
　　他方で，持ち出し行為を理由とする懲戒解雇を有効とした裁判例も存在します。従業員が，組合の分会長の依頼に基づき，取引先リストや従業員の昇給に関するデータを持ち出した行為及びその行為につき窃盗罪で有罪判決を受けたことを理由に懲戒解雇された事案において，

裁判所は，「会社の機密情報を社外に漏洩しようとしたとき，あるいは現に漏洩させたとき又は事業上の不利益を計ったとき」また「会社内で横領，傷害などの刑法犯に該当する行為があったとき」に当たるとして懲戒解雇事由該当性を認めた上，第三者である組合の用に供するため，会社の重要な情報を社外に持ち出しており，これについて有罪判決を受けていることからすれば，懲戒処分の中でも懲戒解雇に相当するというべきとして懲戒解雇を有効と判示しました（宮坂産業事件＝大阪地判平24.11.2労経速2170- 3 ）。

②　企業秘密を持ち出した上，漏洩した場合

　従業員が，当初より会社の機密情報を取得した状態で競合他社に就職しようとして機密性が高い事項を議題とした会議への出席を自ら希望して出席し，同会議資料を持ち出し，データを漏洩したなどの行為を理由として懲戒解雇された事案において，裁判所は，背信性が高いことを理由として懲戒解雇を有効と判示しました（日本リーバ事件＝東京地判平14.12.20労判845-44）。

　なお，②の行為類型に分類される裁判例の中には，従業員が，不当労働行為事件の書証として提出するため，顧客情報の記載された営業日誌を持ち出し，担当弁護士へファックス送信した行為を理由として懲戒解雇された事案において，開示の目的が一応正当性を有していることに加え，弁護士の職責から情報が外部に流出する可能性は極めて低く「漏洩」に当たらないとして懲戒事由該当性を否定し，懲戒解雇を無効と判示した裁判例もあります（日産センチュリー証券事件＝東京地判平19.3.9労判938-14）。

③　企業秘密の持ち出し行為はないが，企業秘密を漏洩した場合

　証券会社の従業員が社外の者に対して電話で顧客の資産状況や投資内容を漏洩したことなどを理由に懲戒解雇された事案において，裁判所は，当該従業員に背信的な意図が認められないこと，漏洩が反復継続して行われたとは認められないこと，注意・指導を受ける機会がなかったことを指摘し，懲戒解雇は重きに失し無効であると判示しました（東京地判平28.2.26＝判例集未掲載）。なお，この事案は弁明の機会が付与されておらず手続的にも妥当性を欠く処分でした。

第8節　企業秘密の漏洩等　127

　なお，経済産業省の「人材を通じた技術流出に関する調査研究報告書（別冊）」によれば，過去5年間で営業秘密の「明らかな漏えい事例」が1回以上あったと回答した企業の漏洩の経路で最も多かったのは，「中途退職者（正規社員）による漏えい」で，50.3％を占めるとされていますので，中途退職者による情報の漏洩には特に注意する必要があります。

3　過失による企業秘密の漏洩

　過失によって企業秘密を漏洩した場合も懲戒の対象となります。例えば，企業秘密に関わる情報を保存したノートパソコンや USB メモリを電車内に置き忘れたり，自宅で仕事をしようと持ち帰る途中で紛失した場合などです。このような場合，故意による企業秘密の漏洩と同様の懲戒処分を行うのは難しいですが，重要な企業秘密が保存されているのを認識しながら多量の飲酒をして紛失したなど，重過失があるといえるような場合には，契約解消を伴う懲戒解雇や諭旨解雇は難しくとも，降格や出勤停止等の懲戒処分を行うことは可能であると考えます。また，普通解雇を検討する余地もあります。

　なお，社外持ち出しが禁止されている情報を過失により社外で紛失した場合には，紛失自体は過失による行為ですが，社外への持ち出しの点は故意による行為ですので，その点をとらえて懲戒処分の可否を検討することになります。

POINT
- 故意事案か過失事案かの認定の問題とともに，この秘密を保護する会社の業務上の利益が何かということを考える必要がある。
- 懲戒の量定を考える際には，当該企業秘密の重要性，開示の目的，漏洩による会社の損害の有無・程度，企業運営への影響等を総合的に考慮して判断する。

128　第7章　裁判例から読み解く懲戒事由ごとの量定判断

| 第9節 | 内部告発 |

1　内部告発の性質

　昨今，コンプライアンス意識の高まりや従来型の企業の長期雇用システムに変化が生じていることなどから，企業内部からの告発が増加しています。実際，内部告発により，企業の不祥事が明らかとなり，マスコミ等で大きく報道され，企業に著しい損害をもたらすといったケースも少なくありません。

　この内部告発と似た概念として，公益通報者保護法の定める「公益通報」があります。いずれも会社の不祥事に関する情報を明るみに出す点で共通していますが，公益通報は「不正の目的」でないことを要件とし，通報対象事実を限定するなど厳格な要件を定めているのに対し，内部告発は，法的な概念ではなく，そのような限定がないという違いがあります。

　また，第8節で説明した企業秘密の漏洩との関係で考えますと，内部告発は企業にとって不利益な情報の漏洩を伴うことが一般的ですから，企業秘密の漏洩という懲戒事由に該当する行為といえますが，その一方で，内部告発には一般的に企業の不正行為の是正を求める意図が含まれていることから，結果的に企業の利益になるという側面を有することになります。負の情報を隠蔽することは，最終的に企業にとって大きなダメージとなるという考え方です。

　内部告発に対する懲戒を検討する際には，このような内部告発の性質を理解しておく必要があります。

第9節　内部告発　129

2　違法性が阻却される内部告発

　先程も述べたとおり，内部告発には企業の不正行為の是正といった正当理由が存在することがありますが，その場合には，企業秘密の漏洩を伴う内部告発であっても違法性が減殺又は阻却され，当該内部告発に対する懲戒が無効とされる場合があります。

◆　**宮崎信用金庫事件＝福岡高宮崎支判平14.7.2労判833-48**
　　裁判所も，内部告発を契機とする企業秘密漏洩の事案において，内部の不正を糺すという観点からは企業の利益に合致するところもあり，当該行為が直ちに懲戒解雇事由に該当しなくなるとまでいえるかどうかはともかく，行為の違法性が大きく減殺されることは明らかであるとして懲戒解雇を無効と判示しています。

　裁判例は，内部告発による企業秘密の漏洩についての違法性阻却の要件について，内部告発の内容の根幹的部分が真実ないしは内部告発者において真実と信じるについて相当な理由があるか，内部告発の目的が公益性を有するか，及び内部告発の手段・方法の相当性を考慮するとの見解で概ね一致しています。
　したがって，内部告発により企業秘密が漏洩した場合の懲戒処分にあたっては，

①　真実ないし真実相当性
②　目的の公益性
③　手段・態様の相当性

などを総合考慮して，当該内部告発が正当か否かを判断する必要があります。

◆　**大阪いずみ市民生協（内部告発）事件＝大阪地堺支判平15.6.18労判855-22**
　　「内部告発の内容の根幹的部分が真実ないしは内部告発者において真実と信じるについて相当な理由があるか，内部告発の目的が公益性を有するか，内部告発の内容自体の当該組織体等にとっての重要性，内部告発の手段・方法の相当性等

130　第 7 章　裁判例から読み解く懲戒事由ごとの量定判断

を総合的に考慮して，当該内部告発が正当と認められた場合には，当該組織体等としては，内部告発者に対し，当該内部告発により，仮に名誉，信用等を毀損されたとしても，これを理由として懲戒解雇をすることは許されない」と判示しました。

　この判断枠組みは，公益通報者保護法が施行されたことにより，同法施行後は，「裁判例は，本法の規定によっては保護されない内部告発者の不利益取扱いのケースについても，本法が設定した公益通報者保護の考え方を参考にして判断していくものと思われる。」（菅野『労働法〔第 9 版〕』418頁）と想定されましたが，その後の裁判例においても維持されています*。

　　*　同法施行後に出された裁判例（学校法人田中千代学園事件＝東京地判平
　　　23.1.28労判1029-59）は，「内部告発事案においては，①内部告発事実（根幹的
　　　部分）が真実ないしは原告が真実と信ずるにつき相当の理由があるか否か（以
　　　下『真実ないし真実相当性』という。），②その目的が公益性を有している否か
　　　（以下『目的の公益性』という。），そして③労働者が企業内で不正行為の是正
　　　に努力したものの改善されないなど手段・態様が目的達成のために必要かつ相
　　　当なものであるか否か（以下『手段・態様の相当性』という。）などを総合考
　　　慮して，当該内部告発が正当と認められる場合には，仮にその告発事実が誠実
　　　義務等を定めた就業規則の規定に違反する場合であっても，その違法性は阻却
　　　され，これを理由とする懲戒解雇は『客観的に合理的な理由』を欠くことにな
　　　るものと解するのが相当である。」として，従来の枠組みで懲戒解雇の有効性
　　　を判断してこれを有効とし，その上で，さらに公益通報者保護法により解雇が
　　　無効とならないかを判断し，従来の裁判例の見解を維持しました。

　内部告発の体裁を取りながらも，真実は不正行為の是正という目的を有しない場合には，違法性阻却は認められずに懲戒処分は有効と解されます。
　裁判例においても，建設業を営む会社の取締役が，取締役解任後にフリールポライターに対して，会社の内部情報を提供したことを理由に懲戒解雇された事案において，裁判所は，異動の打診後に初めて行動を取り始めているなど，その行動は不満な人事異動の打診を契機とした会社及びそ

第9節 内部告発 131

の代表者への不満と糾弾のための報復措置と考えられ，不正の是正手段と
しても相当性を逸脱しているとして懲戒解雇を有効と判示しました（アン
ダーソンテクノロジー事件＝東京地判平18.8.30労判925-80）。

3 内部通報制度の濫用的使用

　内部告発では，情報提供先として行政機関やマスコミ等の事業者外部が
想定されることが多いですが，事業者内部に通報窓口（社内のコンプライ
アンス窓口，事業者があらかじめ定めた弁護士事務所等）を設けている企
業では，不正を知った労働者が，事業者外部に情報提供する前に内部通報
窓口に通報するということも多くみられます。この点，労働者が企業内に
おいて不正行為の是正に努力したかどうかは，内部告発に対する懲戒処分
を検討する際にも，内部告発の手段・態様の相当性の判断に影響を与える
事情となります。

　この内部通報の場合には，いわば企業内部での告発ですから企業秘密の
漏洩は生じないことになります。したがって，企業秘密の漏洩という点で
は懲戒事由には該当しませんが，この内部通報制度を濫用的に使用するよ
うな場合には，懲戒処分を別途検討し得るといえます。

　公益通報者保護法においても「不正の目的でないこと」が内部通報の保
護要件とされており，不正の目的でなされた内部通報は保護の対象から除
外されています。ここでいう「不正の目的」とは，単に被通報者を害する
結果を認識しているということではなく，例えば通報を手段として不当に
金品を得る目的（図利目的），勤務先や他の従業員を中傷する目的（加害
目的）等の積極的な害意のことをいうとされています。

　裁判例にも，内部通報制度を濫用的に使用したことを理由とする懲戒処
分を有効と判示したものがあります。

◆　ボッシュ事件＝東京地判平25.3.26労経速2179-14
　　内部通報に対し企業が十分な調査と対応を実施したにもかかわらず，執拗に内

部通報メールを繰り返したため，出勤停止5日間の懲戒を実施したところ，当該出勤停止期間も出勤し，人事部マネージャーを非難するなどしたことから普通解雇したという事案において，裁判所は，メールを繰り返し送りつけるという態様自体が常軌を逸しており，業務を妨害する行為である上，メールの内容も明らかに不穏当な言辞を用いて他者を誹謗するものであるから懲戒事由に該当するとし，さらに，自らの内部通報に理由がないことを知りつつ，かつ個人的目的（希望部署への異動）の実現のために通報を行ったものであるから懲戒権の濫用にも当たらないとして，当該出勤停止を有効と判示しました（普通解雇についても有効と判示されています）。また，同裁判例は，いったん是正勧告，関係者に対する厳重注意という形で決着をみた通報内容について，長期間を経過した後に，専ら他の目的を実現するために再度通報するような場合であるから公益通報者保護法上の「不正の目的」に出た通報行為であるとの認定もしています。

　近時，新たな問題社員の類型として，既に対応済みの過去の問題をいたずらに蒸し返したり，自己の目的を達成するために内部通報を交渉手口として利用するケースが見られるようになりましたが，これらに対しては，企業が必要かつ十分な対応を取った上であれば，注意・指導，さらには一定の懲戒という厳格な姿勢で臨むことも必要であると考えます。

POINT
懲戒事由に該当したとしても，①事実の真実性（ないし真実相当性），②目的の公益性，③手段の社会的相当性などを総合考慮して，違法性が阻却されないか検討する必要がある。

第 10 節　SNS への書き込み　133

| 第10節 | SNS への書き込み |

1　SNS とは

　SNS とは，Social Networking Service（ソーシャルネットワーキングサービス）の略称で，人と人とのつながりを促進・支援する，コミュニティ型の Web サイト及びネットサービスのことをいいます。

　近年，従業員が行った Facebook や Twitter 等の SNS への不適切な投稿により，企業が非難・批判の対象となる事例が多発しています。例えば，ホテルの従業員が有名人が宿泊しているといった個人情報・顧客情報を投稿したり，飲食店の従業員が業務用冷蔵庫内に入った様子の写真を投稿したりすることで，企業に非難が殺到し，マスコミ報道に至るケースも見られました。

　もっとも，SNS への不適切な投稿を理由とする懲戒事例に関しては裁判例の集積はまだ全くといっていいほどありません。そこで，本節では懲戒対象となるであろう不適切な SNS 投稿の主たる行為類型を整理した後，SNS の特性を踏まえて懲戒処分の程度を検討することとします。

2　懲戒対象となる行為類型

　従業員の SNS への投稿が業務時間中になされていれば直ちに職務専念義務違反として懲戒事由となりますが，投稿の多くは業務時間外に行われるのが実際であり，それが従業員の個人アカウントから投稿されている以上，私的行為に属するといえます*。もっとも，私的な SNS への投稿であっても，業務との関連性を有する内容から懲戒対象となる場合がありま

す。

* 公式アカウント（企業や官公庁などの組織が公式に利用する際のアカウント）を利用して不適切な投稿をしたようなケースは，私生活上の非行（企業外非行）ではなく，企業内非行と捉えられます。

まず1つ目は，企業秘密の漏洩に当たる場合です。本章第8節で説明したとおり，企業秘密の流出は，企業の競争力を低下させ企業の信用にも関わることから，労働者が守秘義務に違反して企業秘密を漏洩し，企業に損害を生じさせた場合などには，懲戒の対象となります。なお，本章第9節で説明した内部告発の議論も同様に当てはまります。

2つ目は，会社の誹謗・中傷といえる場合です。従業員は，労働契約に付随する義務として誠実義務を負っていますので，投稿内容が会社に対する否定的内容であって，これによって会社の社会的評価が害される場合には，名誉もしくは信用の毀損的行為として懲戒処分の対象となり得ます。

なお，ここでいう「誹謗」とは対象の悪口を言うこと，「中傷」とは対象につき無実のことを言ってその名誉を傷つけることを意味します。一方で「批判」とは，対象の人物・行為・判断・作品等の価値・能力・正当性・妥当性等を評価することであって，マイナス要素だけ指摘しプラス要素に言及しない「誹謗」，あるいは虚偽を言ってまで相手を貶める「中傷」とは異なり，一定の公平性・正当性が認められます。以上を踏まえ，本書では「誹謗・中傷」と「批判」を明確に区別し，懲戒対象となるのは前者のみと整理しています。

3つ目は，その他の会社の社会的評価を毀損するような内容の投稿です。まさに飲食店の従業員が業務用冷蔵庫内に入った様子の写真を投稿したようなケースはこれに当たります。その他にも，例えば従業員が私生活上の違法行為をSNSに投稿したところ，身元が特定されて，勤務先である会社が非難の対象となることも想定し得ます。

3　SNSの特性

　SNSは，次のような特性を有しており，懲戒処分を検討するにあたっては以下の特徴を意識する必要があります。
①　簡易性
②　伝播可能性
③　情報の恒久性
　1つ目は，簡易性です。スマートフォンの普及も相まってSNSは手軽かつ即時に情報を投稿できるようになりました。しかしその一方で，手軽さゆえに情報の真偽等を十分に検証することなく安易に投稿する利用者も多いといえます。
　2つ目は，伝播可能性です。投稿された情報は他のSNS利用者等によって共有・拡散され，短期間（短時間）で不特定多数の第三者に閲覧可能となるおそれがあります。
　3つ目は，情報の恒久性です。一旦投稿された情報は，インターネット等を通じて急速に拡散されることもあり，当該情報を完全に削除することは事実上不可能といえます。

4　選択すべき懲戒の程度

　企業秘密の漏洩や内部告発の事案については，本章第8節，第9節で説明した考え方を基本的には参考にできるといえます。
　また，会社の誹謗中傷についても，その内容の真実性若しくは真実相当性，目的，手段・態様の相当性，それによって害された会社の社会的信用・評価の程度などを考慮して，懲戒の量定を判断することになります。
　ただし，懲戒解雇等の雇用契約解消を前提とする懲戒は，重要な企業秘密の漏洩を伴う背信性の高い事案では検討の余地がありますが，そのよう

な場合を除き，難しいと考えるべきです。誹謗中傷を繰り返すようなケースでは，懲戒解雇ではなく普通解雇による対応を検討すべきです。

それでは，前述の SNS の特性がどのように影響するか見てみますと，SNS への投稿は，伝播可能性・情報の恒久性という特性からすると，SNS 上で企業秘密の漏洩，会社の誹謗中傷等が行われた場合，より企業に与える影響，損害は甚大なものとなることが想定されます。実際の事例として，東京の蕎麦屋の学生アルバイトが，食器洗浄機で寝ている画像を Twitter に公開し，その後の風評被害により当該会社が破産したというものもありました。したがって，結果の重大性という観点から，伝播可能性・情報の恒久性という特性は，懲戒の程度を考えるにあたり加重する方向に働く事情であると評価できます。

ただし，SNS への投稿には簡易性という特徴もあることから，伝播可能性・情報の恒久性といった特性ゆえに重大な結果をもたらしかねない手法であることを，従業員に対して十分に教育指導することが，企業には求められていると考えます。このような教育を徹底した場合には，懲戒の量定を判断する際に簡易性（行為の故意性が必ずしも強いとはいえない）という特性を考慮する必要はなくなるものといえます。なお，従業員教育については，「国家公務員のソーシャルメディアの私的利用に当たっての留意点」（総務省人事・恩給局，平成25年6月）が参考となります。

☞ 会社の誹謗中傷と削除命令

SNS やブログ，インターネット掲示板等に会社の誹謗中傷等を記載した行為について，使用者が削除するよう命令することができるかという問題があります。この点については，就業規則に違反する部分についての削除命令は，業務命令権の範囲内であって有効と考えられますが，それを超える削除命令は，従業員の表現の自由との関係上，無効になると考えられます。

この点について，社内の誹謗中傷をホームページ上に記載した行為に対するホームページ全体の閉鎖命令が業務命令権の範囲を逸脱しているとした裁判例があります。

第10節 SNSへの書き込み 137

◆ **日本経済新聞社（記者HP）事件＝東京地判平14.3.25労判827-91**

　編集記者として勤務していた従業員が，個人開設のホームページ（HP）上で自ら新聞記者であることを明らかにした上で，業務上知り得た事実や体験を題材とした社内の誹謗中傷等の記事を記載したため，上司がHPの閉鎖命令を行ったところ，当該命令に従わなかったとして14日間の出勤停止の懲戒処分とされた事案において，裁判所は，HPの閉鎖命令については，「被告は，同社と労働契約を締結している原告に対し，同契約の範囲内で業務命令を行う権利を有するというべきであるが，…HPを閉鎖するよう命じた業務命令は，HPで公開されていた同人作成の文書のうち，就業規則上問題となる記載部分を特定することなく，HP全体の閉鎖を命じたものであるから，その業務命令権の範囲を逸脱した無効なものであるというべきである。」として，HPの閉鎖命令に従わなかった行為は懲戒事由には該当しないと判断しました。

　もっとも，原告個人のHP上に業務上知り得た事実や体験を題材とした社内の誹謗中傷等の記事を記載した行為については，取材源の秘匿，真実の報道という被告の経営・編集方針に反し，その他「社外秘」扱いの事実の公開，社内外に対する被告の印象を害する内容の文書の公開が就業規則の服務規定に違反し懲戒処分事由に該当するとし，さらに，原告の行った本件懲戒処分事由に該当する行為の内容，原告はこれらの行為をすることが被告の会社の経営・編集方針や就業規則に違反することを認識しながら，敢えてこうした行為を行ったものであることなど，本件懲戒処分について認められる事情を考慮すると，被告が原告に対してなした本件懲戒処分が，重きに失するなど客観的に合理的な理由を欠き，又は社会通念上相当として是認できないものであるとは認められないとして，出勤停止処分は有効と判断されました。

　また，企業秘密漏洩や会社の誹謗中傷に当たらない投稿であっても企業の名誉，信用を毀損するような不適切な投稿がなされた場合には，懲戒による対応を検討すべきです。

　☞ **SNS関連のその他の不祥事事例**

　① **SNSを利用したコミュニケーションによるトラブル**

　　近時，ソーシャルハラスメントといわれるハラスメント形態が新たに言及されています。SNSの利用者間においてSNSを通じて行われるいじめ行為や嫌がらせ行為全般を幅広く指すものと考えており，例

えば，❶上司から部下に対する執拗な友達申請や，❷投稿に対する頻繁な「コメント」・「いいね！」の対応に部下が苦慮するケース（私生活への過度の干渉となるようなコメントをする，上司の投稿に「いいね！」を必ずしなければいけないといった心理状態に追いやる）などが典型といわれています。

これらの問題は，セクハラ・パワハラの一類型として整理できるものと考えます。なお，ストーカー規制法が定義する「つきまとい等」には，拒まれたにも関わらず連続して電子メールの送信等をすることを含んでいますが，平成28年12月14日公布の法改正により，「電子メール等」には，SNSによるメッセージの送信も含まれるとされています。

②　私的な行為・意見表明等の掲載に関するトラブル

不適切な行為や意見をSNSに投稿したところ，他のSNS利用者から批判が殺到（いわゆる「炎上」）し，勤務先に対しても苦情の連絡が来るといったケースです。

実際の事例として，都内の男子大学生が，Twitterに「レイプは別に悪いと思わない。女が悪い」という内容の書き込みをし，炎上しました。投稿者のmixiのアカウントが発見され，同アカウントでは投稿者の実名，写真，大学名，所属サークル名，内定先（百貨店）が公開されており，それがインターネット上に流出しました。そして，内定先の百貨店には，電話やメールで多くの批判や投稿者の内定取り消しを求める声が寄せられる事態となり，百貨店は，投稿者に採用内定を出していたかについては個人情報であり回答できないとしつつ，投稿者が百貨店及びそのグループに入社する予定はないとの回答を行うといったことがありました。

このようなトラブルの場合，労働者の私生活上の自由（とりわけ表現の自由）との関係から，原則として，懲戒処分を行うことは難しいと考えます。

しかしながら，執拗に差別的な言辞を用いて，特定の個人や団体を攻撃するなど，表現内容が著しく不適切で，かつ所属（勤務先）を明らかにした形で投稿を行っている場合には，「会社の名誉又は信用を毀損する行為（ないしそのおそれのある行為）」を行ったとして，懲

第10節　SNSへの書き込み　139

戒処分といった対応も検討すべきかと考えます。なお，SNSは，仮に匿名利用であったとしても，投稿内容等から個人特定が容易になされてしまうリスクもあるため，その点も含めた従業員教育が必要であるといえます。

　現状，SNSによる投稿に関して明確な服務規律を有している企業は必ずしも多くなく，SNSの不適切な投稿に関しては，従業員教育が十分に行われておらず，懲戒の運用基準も曖昧な企業がほとんどではないかと思われます。そこで，企業においては，服務規程等においてSNSによる投稿について規律を明確にし，教育・研修等において違反者に対する対処方針の周知・徹底を図るべきです。そのような対応を行った上で，それでも違反があった場合には，企業秩序にどの程度の影響を与えたのかを確認し，懲戒の量定を個別に検討することになると考えます。

　なお，SNSへの投稿に関する服務規律の定め方については，下記規定例（巻末資料1　就業規則規定例81条3号②）を参照してください。

（服務規律）
　第81条　従業員は，常に次の事項を守り，職務に精励しなければならない。
　（3）従業員としての地位・身分による規律
　　　②　会社の内外を問わず，会社又は他の従業員の名誉や信用を毀損する内容又はそのおそれのある内容のブログ，ツイッター，フェイスブック等のソーシャル・ネットワーキング・サービス（SNS），動画サイト，又はインターネット上の掲示板等への投稿を行ってはならない。

POINT
従業員教育を十分に実施し，それでもSNSに不適切投稿などがなされトラブルとなった場合には，SNSの特性（簡易性・伝播可能性・情報の恒久性）を考慮して企業秩序に与える影響を個別具体的に判断することが重要になる。

140　第7章　裁判例から読み解く懲戒事由ごとの量定判断

| 第11節 | 接待・饗応／経費の不適切利用 |

1　横領・背任事案との対比

　従来より企業内において現金着服やリベート収受等の企業に損害を与える横領行為や背任行為が行われた場合には，当該従業員に対して厳しい懲戒処分が実施され，裁判所でもその有効性が肯定される傾向にありました。

　横領・背任事案の裁判例を見ますと，懲戒処分の有効性判断においては，いくつかの考慮要素が挙げられますが，まずは①〜⑤の考慮要素について検討すべきであると考えます。

　①　金額の多寡（ただし，少額であることは決定的な事情ではない）

　②　態様の悪質性（回数，期間）

　③　金銭の使途

　④　当事者の地位（責任者の地位にあるか）

　⑤　業務との関係（現金取り扱い業務を含むか）

　その上で，事案に応じて次の⑥〜⑩といった事情も合わせて総合勘案するのが適当であると考えます。

　⑥　過去の同種事例に対する処分例との比較

　⑦　目的の悪質性

　⑧　相手方の過失に基づき過誤が看過されたものか

　⑨　第三者を巻き込んだか

　⑩　金銭の返戻の有無

　なお，①金額の多寡に関して，「少額であることは決定的な事情ではない」と補足したのは，裁判例の中には，被害金額がたとえ少額であっても，当該企業の業種及び従業員の担当する業務内容等によっては懲戒解雇を有

効と判示するものがあるからです。

◆ ダイエー（朝日セキュリティーシステムズ）事件＝大阪地判平10.1.28労判733-72

大型スーパーマーケットの関連会社で総合警備保障を営む会社に出向中の次長職にあった従業員が，慰労会での飲食代を仮払いし領収書を改ざんして差額の10万円を着服した事案において，

(i) 被告は大型スーパーマーケットの経営等を目的とする株式会社であるから，会社の金銭の着服は，それ自体会社と従業員との間の労働契約の基礎となる信頼関係を破壊させるに十分なほど背信性が高い行為であるというべきところ，原告が，被告から出向して被告の関連会社である朝日の西日本統括本部業務部次長という要職に就いていたことを考えると，本件着服の背信性は一層高いといわざるを得ない。

(ii) 大型スーパーマーケットは，小口の金銭が頻繁に出入りする業種であるから，金銭に関する不正の入り込む余地が比較的大きいにもかかわらず，その発覚が比較的困難であることは経験則上明らかというべきであり，したがって，被告が金銭に関する不正には厳罰をもって臨むことにはそれなりの合理性がある。

(iii) 被告は，レジの不正精算，不正チェックアウト，現金の抜き取り，着服等に関与した従業員，アルバイトに対しては，たとえ被害金額が少額であっても，懲戒解雇等の懲戒処分をしてきたことが認められる。

として，懲戒解雇を有効と判示しています。

　しかしながら，このような横領や背任事案と異なり，接待や経費利用については，不適当と認められるような場合であっても甘めの対応しか取らない企業がかつては多くありました。昭和の時代は，新規参入規制，価格の談合とともに取引先への過剰な接待が横行していましたし，経費についても，出張に際してホテル代を浮かせたり（安いホテルに変える），交通費を浮かせたりして（指定席から普通席に変更する），経費を浮かせて飲食代に充てることが暗に許される風潮にもあったため，それらを背景に企業としても厳しい対応が取られてこなかったのです。

　その名残りからか，現在になっても，過剰な接待や不適切な経費利用について，軽微な処分しか実施しない企業というのも多々見受けられますが，

コンプライアンス意識の高まりが見られる現在においては，そのような企業姿勢には疑問を呈さねばならないといえます。

2　懲戒事由該当性

　接待自体は，取引先に対する営業行為の一環として通常行われ得るものですので，接待を行った事実又は接待を受けた事実をもって直ちに企業秩序が乱されるとは認められません。

　しかし，社内規則に違反するような過剰な接待が実施されている場合や，業務の性質上接待が行われた事実が公になると企業の信用に重大な影響を与えてしまうような場合等には，企業秩序を害する又はそのおそれがあることから懲戒対象事由となり得ます。

　実際，一切の接待が禁止されていた期間にゴルフ等の接待を受けていた事案（りそな銀行事件＝東京地判平18.1.31労判912-5），自動車教習所の指導員が教習生に対し仮免試験で有利に扱うことをほのめかし付け届けを要求して受領した事案（国際自動車教習所事件＝東京地判昭48.10.30労判188-51），治験施設支援機関の治験コーディネーターが製薬会社から接待を受けていた事案（ハイクリップス事件＝大阪地判平20.3.7労判971-72）において，裁判例上も各場面の懲戒事由該当性を肯定しています（前掲りそな銀行事件は懲戒解雇又は諭旨解雇を重きに失するとして無効と判示，前掲国際自動車教習所事件は普通解雇を有効と判示，前掲ハイクリップス事件は人事権に基づく降格処分を有効と判示したうえ，接待饗応後の虚偽報告，部下への口裏合わせの指示，出向命令拒否などを理由とした懲戒解雇を有効と判示しました。なお，前掲ハイクリップス事件が，解雇を有効としながら降格処分の有効性についても判断したのは，労働者側が降格による賃金減少分に対する支払いもあわせて請求していたためです）。

　また，前述のような経費の不適切な利用については，仮にトータル金額としては経費処理可能な範囲内であったとしても，厳密には浮かせた分の

経費は企業に返金等するのが本来あるべき処理ですから，そのような適切な処理を怠り個人的な飲食代として使用したという点で企業秩序違反であることは否定しえないはずです。したがって，こちらも懲戒対象事由となります。

　類似する事案として，社内旅行の下見費用や参加者への寄贈品代金等の付替え，旅行代理店に対する当該付替え指示等を理由とする懲戒解雇に関する裁判例がありますが（ビーアンドブィ事件＝東京地決平22.7.23労判1013-25），この裁判例においても，当該従業員の行為は服務規律違反に当たるとされ，企業秩序違反として懲戒事由たり得ることが肯定されています（なお，懲戒解雇自体については「その事案が重篤なとき」という懲戒解雇事由に該当しないとして無効と判断しています）。

3　選択すべき懲戒の程度

　過剰な接待，不適切な経費利用に関する懲戒を検討する際にも，横領・背任事案での考慮要素が参考となります。そこで，まずは前述の①〜⑤の要素を検討し，それに加えて総合考慮の際には⑪当該行為の禁止がどれだけ社内で周知徹底されていたかなどといった事情も加味して判断すべきと考えます。

　そして，具体的な懲戒量定は事案にもよりますが，金額が大きく，態様も悪質な上，業務の公正に与える影響も大きいといった場面では，懲戒解雇のような厳しい処分も検討し得ると考えます。

　また，国家公務員との関連性が強い職種，業界などでは特にこの点の規制が強いといえます。1990年代の幹部公務員を中心とした過剰な接待などの不祥事を契機として，国家公務員倫理法が平成12年4月に施行されました。その後も組織ぐるみの不祥事などが相次いだことから，平成17年4月には制限・禁止行為を具体的に定めた国家公務員倫理規程の改正がなされています。

144　第7章　裁判例から読み解く懲戒事由ごとの量定判断

そのような社会情勢の下，業界によっては業界団体から接待等に関し自主規制がなされているケースもありますので，そのような規制に違反するといった事情は懲戒の程度を重くする方向に働くといえます。例えば，製薬業界においては，日本製薬工業協会から「企業活動と医療機関等の関係の透明性ガイドライン」なるものが平成23年3月以降策定され，最新版である平成30年10月作成のものでも「接遇等費用を年間総額の形で公開する」旨が定められており，このような形で医療機関等との関係の透明性が強く求められるなどしています。

POINT
当該企業の接待・饗応に対する企業姿勢や業務の性質，業界の特殊性等が企業秩序違反ないしそのおそれの有無，程度を判断する際の重要な視点となる。

第12節　賃金の不正受給

1　残業代の不正受給

労働契約の締結により，使用者たる企業は労働者に対し，労務提供の対価として賃金（給与）を支払う債務を負担しますが，この給与について，労働者による不正受給が問題となることがあります。

かねてより不正受給の典型例の1つとして挙げられるのが，残業代の不正受給です。例えば，残業を労働者の自己申告により管理している企業では，労働者が不正に残業時間を水増しして報告することで，本来支払われるべき以上の残業代を給与として受給することが問題になり得ます。

この場合，不正申告は賃金に関する詐欺行為（刑法246条）ですし，企業に直接損害を与えるものですから，懲戒解雇も十分に考えられる重大な企業秩序違反といえます。

しかしながら，企業の労働時間の把握に落ち度があるような場合には直ちに懲戒を実施することは避けるべきです。つまり，使用者たる企業は適法な割増賃金の支払いや労働者の健康管理といった側面から，労働時間を適切に管理する責務を負っていますが，企業の中には労働時間の適切な把握を怠って，サービス残業を黙認したり，始業前の業務を強いたりしているケースも存在します。このような場合に，ある従業員が「他の日にサービス残業をしているから，残業の少ない日に少し上乗せしよう」と考え，虚偽の申告をしたからといって，企業がこれを捉え厳しい懲戒等の処分を実施したとなると，従業員としても言い分がある以上，労働基準監督署に割増賃金未払いなどを理由に駆け込み，紛争化するといったリスクも生じかねません。

そこで，懲戒処分を検討する前に，まずは企業において労働時間管理の適切性を確保することが重要といえます。企業の落ち度を棚に上げて，労働者に対してのみ厳しい対応を取ることが適当でないことは感覚的にもお分かりいただけるかと思います。

これに対し，企業側が適切な労働時間管理を実施しているといった場合には，残業代の不正受給には懲戒解雇を含む厳しい処分を検討し得ると考えます。

◆　**古市庵事件＝大阪地決平15.1.23判例集未掲載**
　　パートタイマーの勤務時間の管理担当者が，故意に自己のタイムレコーダーの打刻をせずに，退出時間より相当遅い勤務時間を手書きで記入したり後打ちしていたことが職務権限の濫用，届出手続違反，時間外賃金の詐取であるとして懲戒解雇された事案において，当該懲戒解雇を有効と判示しました。

146 第7章 裁判例から読み解く懲戒事由ごとの量定判断

2 通勤手当の不正受給

(1) 基本的理解

　賃金の不正受給に関し，近時，比較的よく聞く問題として，通勤手当の不正受給があります。労働契約上の労務提供は持参債務ですから，通勤に関する費用は本来労働者の負担であり，使用者に通勤費を支払う義務は存在しません。しかし，実際は，通勤に要する実費を企業の方で全部又は一部負担することが多く，通勤手当も賃金の一部を構成します（平成27年度就労条件総合調査によれば91.7％の企業が通勤手当等を支給しているとされています）。

　この通勤手当の不正受給の態様としては，大きく分けて次の3つが考えられます。

　①　実際には居住していない虚偽の住所（事業所から遠方の住所）を会社に申告し，当該虚偽の住所からの通勤手当を不正に受給する場合

　②　申告住所自体は真実であるが，申告した通勤方法，通勤経路とは異なる方法，経路を使用して，実際に受給している通勤手当を浮かす場合（電車通勤との申告をしながら自転車通勤するような場合等）

　③　勤続後，事業所の近くに転居したにもかかわらず，住所変更の申告をせずに，従来通りの通勤手当を受給する場合

　これらのような通勤手当の不正受給も先に説明した残業代の不正受給と同様，詐欺以外の何物でもないことから，厳格な処分がなされて然るべきところです。しかしながら，どういうわけか通勤手当については，実務において管理者・監督者，一般従業員ともにあまり重要な問題と考えていない傾向があります。そのため，通勤手当の不正受給については，労働者の心理的抵抗が低くなっており，不正受給が発覚した場合の企業による対応も比較的軽微な内容となっていることが多いと思います。

　したがって，企業においては，通勤手当が不正受給された場合には，

第12節　賃金の不正受給　147

「賃金に関する詐欺行為」であるとの本質を十分に認識した上で，事案ごとに適切な処分を検討するべきです。

(2)　選択すべき懲戒の程度

　通勤手当の不正受給に関する裁判例を見ると，懲戒の有効性を検討するにあたっては，その態様や動機に悪質な点が認められるかをまず検討し，その後，不正受給していた期間や不正受給した金額，当該従業員の過去の処分歴，返金に関する事情等を総合考慮して判断しています。

　態様・動機という点では，前記①〜③の中では①が最も悪質といえるようにも思えますが，いずれも故意の不正受給，詐欺行為である以上，態様の悪質性には大きな差はないとも考えられます。この点，裁判例の中には，②の態様のケースで，合理的な通勤経路から経路変更し，従前の定期代のまま約4年8ヶ月にわたって約35万円を不正受給していた事案において，当初から不正に過大請求をするためにあえて遠回りとなる不合理な通勤経路を申告したような詐欺的な場合と比べて動機自体はそれほど悪質とはいえないとの認定をした上，かかる点を1つの根拠に懲戒解雇を無効と判示したものもありますが（光輪モータース事件＝東京地判平18.2.7労経速1929-35），裁判所においても，通勤手当の不正受給について軽視する傾向があったようにも思われます。

　そこで，企業としては，通勤手当の支給に際しては購入した定期券の写しを提出させるといった対応を取る方が望ましいといえますし，転居や通勤経路が変更した場合には報告が必要であることなどをきちんと周知徹底した上で，それでも不正受給がなされた場合には，厳しい対応を取ることが望ましいのではないかと考えます。

　実務上，遠方の実家から通って高額な通勤手当を受給していた従業員が，会社近くで一人暮らしを始めた場合に，単身者向けの住宅手当金額は一般的に低いことから，住所変更の申告をせずに従来どおりの通勤手当を受給し家賃の補填にするといった事例（態様的には上記③に分類される）は少

148 第7章 裁判例から読み解く懲戒事由ごとの量定判断

なくないと思われますが，このような場合でも，企業の対応，不正受給の期間，金額等によっては重い処分の有効性が肯定される可能性は十分にあると考えます。

なお，懲戒解雇を有効とした裁判例として，かどや製油事件＝東京地判平11.11.30労判777-36（虚偽の住所を届け出て約4年半にわたって約231万円を不正受給していた事案），アール企画事件＝東京地判平15.3.28労判850-48（住所を偽って通勤手当を約3年にわたって約103万円不正受給していた事案）などがあります＊。

＊　通勤手当の不正受給の事案ではないですが，近時も，住宅補助費を7年以上にわたって500万円以上不正受給していたことを理由とした懲戒解雇処分の有効性を認めた裁判例（ドコモCS事件＝東京地判平28.7.8労経速2307-3），単身赴任手当等を約3年にわたって約400万円を不正受給していたことを理由とした懲戒解雇処分の有効性を認めた裁判例（KDDI事件＝東京地判平30.5.30労経速2360-3）などがあります。

> POINT
> 行為態様・動機の悪質性，不正をしていた期間や不正金額，当該従業員の過去の処分歴，返金に関する事情等を総合考慮して，重大な背信事案と認められる場合には懲戒解雇もあり得る。

第13節　兼業行為（副業）

1　兼業行為がはらむ問題点

労働者は，労働契約の基本的内容として職務専念義務を負っているため，就業時間中に兼業を行うことは，使用者の許可がない限り許されないこと

は当然です。一方，就業時間外かつ企業外の兼業については，労働者の私生活の範囲内にあり，余暇をどのように利用するかは労働者の自由ですから，基本的には自由に行うことができます。したがって，労働者に対して全面的に兼業を禁止することについては，たとえ労働者との間で個別に合意したとしても，過度に私生活を拘束するものとして，その合意が公序良俗違反（民法90条）で無効になると考えられます。また，仮に就業規則に規定したとしても，裁判所は規定に「合理性」を求めますので，就業時間外の副業すべてを禁止するという規定の有効性は認められないといえます。

　しかし，労働者の就業時間外の兼業（副業）の内容によっては，企業秩序を乱す又は乱すおそれのある場合もあり得ます。

　1つ目は，会社の社会的信用や名誉を侵害するような兼業です。具体的には，カジノバーや風俗店など違法行為が行われていると思われる場所での就労です。

　2つ目は，競業会社での兼業です。競業会社での就労は，企業秘密・営業機密漏洩の恐れや，使用者との信頼関係の破壊という問題が生じます。

　3つ目は，自社への労務提供に格別の支障を生じさせるような兼業です。例えば，夜間の長時間にわたるようなアルバイト等は，翌日の労務提供に悪影響を及ぼすことが明らかです。

　したがって，このような内容の兼業について，会社が事前に審査し禁止できるよう兼業を許可制とすることは，そのような合意（個別合意）も有効ですし，就業規則に規定をおけば，その規定には「合理性」が認められるといえます。

　実務上も，就業規則に「会社の許可なく他社で就労してはならない」旨の兼業禁止規定を置き，これに違反することを懲戒事由としている企業は少なくありません。

　もっとも，就業規則に無許可兼業を禁止する規定を置いたとしても，使用者が許可をするかしないかは，恣意的に自由に決められるものではありません。なぜなら，本来は労働者の私生活の範囲内で自由に行える行為に

ついて，先ほど説明したようなリスクがあるために事前許可制に合理性が認められると考えられるからです。したがって，リスクがある場合にのみ許可をしない（禁止する）ことが認められるといえます。

また，近時は，情報通信業などを中心に兼業を容認，推奨する企業も現れています。

☞ **「働き方改革」における兼業・副業の普及促進**

安倍政権が実現を目指す「働き方改革」では，副業や兼業の普及促進を図るとされており，平成30年1月には厚生労働省より「副業・兼業の推進に関するガイドライン」が公表されました。

もっとも，この議論は，IT産業のように技能の陳腐化により労働者を入れ替える必要性が高い企業において，労働者が稼働しやすい環境を整えるという観点からも議論されていると考えられます。長期雇用システムを前提に従業員と信頼関係を築いている企業が，副業・兼業に慎重になるのは当然です。兼業・副業を禁止している企業が，全体の85.3％にのぼるという実態を意識する必要があるといえます（中小企業庁の調査　平成26年「兼業・副業に係る取組み実態調査」）。平成30年に実施された企業意向調査においても，75.8％の企業が，副業・兼業を「許可する予定はない」としています（独立行政法人労働政策研究・研修機構の調査「多様な働き方の進展と人材マネジメントの在り方に関する調査（企業調査・労働者調査）」）。

なお，「働き方改革実行計画」（平成29年3月28日働き方改革実現会議決定）では，副業を希望する就業者は約368万人にのぼると紹介されていますが，これは，労働力調査における「雇用者」の中の比率でいえば約6.42％に過ぎないことにも注意すべきです。したがって，今最も重要なことは，政治スローガンに踊らされることなく，自社の実態をよく検討した上でこの問題に取り組むことであり，安易に厚生労働省のモデル就業規則に沿った規定変更をすべきではなく，許可制を維持すべきです。

第13節　兼業行為（副業）　151

2　無許可兼業の懲戒事由該当性

　労働者が許可申請をせずに無断で兼業を行った場合，その手続違反に対する懲戒は有効であるとも思われます。しかし，多くの裁判例では，就業規則の兼業禁止規定を限定的に解釈して，企業秩序を乱す恐れがなく，労務提供に格別の支障を生ぜしめない程度の兼業については，無断であっても懲戒の対象にならないとされています。

　つまり，労働者が許可を申請せずに兼業を行った場合，その労働者の兼業によって，企業秩序を乱すおそれが生じたり，労働者の労務提供が不能又は不完全になるような場合に限って，懲戒処分の対象となるということです（これがまさに懲戒事由が限定解釈される場合（第6章第3節1）の一事例です）。

　近時の裁判例でも，兼業許可申請に対する不許可理由を詳細に検討し，経営秩序を乱す事態が生じるかについて判断しているものがあります。

◆　マンナ運輸事件＝京都地判平24.7.13労判1058-21

　　アルバイト就労の許可申請に対して不許可としたことが違法であるとして，会社に対して，不法行為に基づく損害（収入見込額等）の賠償等を求めた事案において，裁判所は，「兼業を許可するか否かは，上記の兼業を制限する趣旨に従って判断すべきものであって，使用者の恣意的な判断を許すものでないほか，兼業によっても使用者の経営秩序に影響がなく，労働者の使用者に対する労務提供に格別支障がないような場合には，当然兼業を許可すべき義務を負うものというべきである。」と判示しました。

　　さらに，同裁判例は，複数の許可申請に対して不許可としたそれぞれの理由について詳細な検討を加え，第1許可申請に対して，兼業終了後ほぼ休憩しないまま会社の業務に就くこととなり，その結果夜間を含む11時間もの長時間トラックを運転することとなること等を理由とした不許可，及び，第2許可申請に対し，1日4時間の兼業時間を含め1日15時間もの労働をすることとなり（兼業だけで1月80時間程度），過労状態に陥ること等を理由とした不許可については，これを認めました。

152 第7章 裁判例から読み解く懲戒事由ごとの量定判断

　他方で，第3許可申請及び第4許可申請に対して，①週1回4時間の兼業時間を加え，月246時間の長時間労働となること，②兼業が労基法上の法定休日に行われること，③同業他社での兼業によって企業秘密漏洩の恐れがあることを理由として不許可としたことについては，①会社自身が定めた許可基準（253時間又は293時間）を超えるものではなく，②法定休日は社外での兼業をも禁じるものではなく（週休2日制をとっていることも考慮），③企業秘密の内容が明らかでないことから，いずれも理由がないと判断しました。

　この点，筆者は，後述のとおり，法定休日における社外での兼業を禁ずることが出来ないのはおかしいと考えます。

3　選択すべき懲戒の程度

　兼業発覚後の労働者の対応によって懲戒処分の量定は異なると考えます。
　つまり，申請があれば不許可となるような兼業行為が発覚し，使用者から兼業を辞めるよう注意をしたところ，直ぐに兼業を辞めたような場合には譴責，減給といった程度の懲戒処分が適当と考えます。一方，兼業を注意して辞めるよう指示したにもかかわらず隠れて兼業を継続したような場合には，当該兼業行為がもたらす危険性等も加味し重い処分を検討し得ます。事案によっては懲戒解雇という判断もあり得ると思いますが，実務では従業員適格を欠くとして普通解雇により対応することも検討すべきと思います。

4　深夜・休日の兼業

　近時，労働者の健康管理が労務管理における重要なテーマとなっていますが，その観点から注意すべき兼業として深夜・休日の兼業があります。深夜・休日の兼業は，自社の労務提供への支障という観点だけでなく，労働者の健康管理という面からも禁止する必要性が高いといえます＊。

　＊　この点に関連して「副業・兼業の推進に関するガイドライン」では，「長時間

第13節　兼業行為（副業）　153

労働を招くものとなっていないか確認する観点から，副業・兼業の内容等を労働者に申請・届出させることも考えられる。」と記載されています。

(1)　深夜時間帯に及ぶ兼業について

平成11年9月14日に労働省（当時）が発した通達「心理的負荷による精神障害等に係る業務上外の判断指針について」では，日勤労働者が，深夜時間帯に及ぶ長時間の時間外労働を度々行っているような状態等が認められる場合には，恒常的な長時間労働として精神障害の準備状態を形成する要因となる可能性が高いとしており，この趣旨は同通達に代わり平成23年12月26日に施行された「心理的負荷による精神障害の認定基準」においても維持されています。

昨今，労働時間管理という点でも労働者の健康に対する使用者の責任が問われるようになり，使用者が時間外労働を抑制する方向にあります。このような状況下において企業が深夜労働を回避するよう努めているにもかかわらず，深夜帯に度々兼業をしているという場合には，懲戒処分が有効と解される可能性が高いと考えられます。

なお，裁判例では，使用者が従業員に特別加算金を支給しつつ残業を廃止し，疲労回復・能率向上に努めていた期間中に，使用者からの再三の警告を無視して同業他社に就労していた従業員に対する懲戒解雇を有効とした事案があります（昭和室内装備事件＝福岡地判昭47.10.20労判164-51）。

また，業種によっては，他者の生命・身体の安全を確保するという観点から兼業に対しより厳しい対応を取らざるを得ない場合があります。例えば，トラック運転手が深夜にタクシーの代行を行っているといった話を聞くことがありますが，仮にそのような兼業による睡眠不足から運転手が居眠り運転をして人身事故を起こしてしまったとすると，会社に与える損害は計り知れません。

この点，裁判例でも，タクシー運転手が非番の日にガス器具の販売業の兼業をしていた事案において，「乗客の生命，身体を預かるタクシー会社

にとって事故を防止することは企業存続上の至上命題」であるとして，休養を妨げる休日の兼業について懲戒解雇を有効と判断したものがあります（辰巳タクシー事件＝仙台地判平元.2.16判タ696-108）。

(2)　休日の兼業について

　休日の兼業については，法定休日と法定外休日に分けて考える必要があります。

　法定休日については，使用者に労働者の健康管理責任が厳しく問われる現状においては，体力の回復のため兼業を禁止することができると考えます。

　一方，法定外休日は，法律上義務付けられている休日ではないですから，法定外休日の兼業であることのみをもって不許可とすることはできないと思われます。しかしながら，そうであったとしても，昭和62年の労基法改正時に，賃金を減額せずに休日を増やしてきた経緯を考えると，その日の兼業を使用者が一般的に認めることは難しいといえ，労働者においても兼業を慎むべきです。

　ただし，先程も少し触れましたが，近時，兼業を容認，推奨する企業も存在します。したがって，企業の兼業に対する考え方，及びその労働者に対する周知徹底状況によっても，具体的な懲戒処分の程度は変わってくると考えます。

POINT
無許可兼業が，①企業の社会的信用を毀損する，②競業会社への就労である，③自社の労務提供に格別の支障を生ずる，のいずれかの事情がある場合には懲戒の対象となる。

第14節　暴行・傷害行為　155

| 第14節 | 暴行・傷害行為 |

1　懲戒事由該当性

　企業内で暴行・脅迫等の行為が行われると，他の従業員が暴力のもとに支配され，その恐怖を感じることとなり，良質な労務提供に悪影響が生じることは明らかです。したがって，暴行・脅迫行為は懲戒事由に該当する行為であり，事案によっては懲戒解雇や諭旨解雇の事由に該当します。

◆　**新星自動車事件＝東京地判平11.3.26労判767-74**
　　タクシー運転手として勤務していた従業員が，会社の車庫において同僚と殴り合いをし，傷害罪で送検されたことを理由に懲戒解雇された事案において，裁判所は，企業の存立ないし事業運営の維持確保を目的とする懲戒の本旨に照らし，本件殴り合いが企業の存立ないし事業運営の維持確保に及ぼす影響や企業秩序に生じた混乱の有無，程度のいかんによっては，本件解雇が懲戒権の濫用とされる余地がないではないと解されるとした上で，当該事件の結論としては懲戒解雇を有効と判示しました。

　これに対し，企業施設外かつ就業時間外に，喧嘩をしたり，他人に暴力を振るった場合については，企業秩序への影響を別途検討し，懲戒処分の対象となるかを判断しなければなりません。
　この点，暴行の被害者が同僚や取引先関係者等であった場合には，企業秩序に悪影響を与えることから懲戒処分の対象となります。
　これは第4章第2節で説明した整理からすると，行為態様の対人的観点から，企業秩序への影響が肯定される場面の1つです。

2 選択すべき懲戒処分の程度

　従業員による暴行行為について懲戒処分を検討するにあたっては，行為の相手方，及び暴行行為によって傷害結果まで生じさせたか否かという事情が重要な要素となってきます。

(1) 行為の相手方について

　同僚同士の喧嘩といった事案では，たとえ暴行行為があったとしても，相手に大けがを負わせるなど，その態様が特に悪質であるといった事情がなければ，諭旨解雇や懲戒解雇を選択するべきではなく，降格・降級以下の懲戒処分を選択すべきです。

　一方，上司・部下の間での暴力行為については別に考えるべきです。すなわち，上司がその職位を利用して部下を暴力で支配していたような事案では，秩序違反の程度は重大ですし，また，部下が正当な上司の業務命令に対し暴力を振るったというような事案では，企業の組織付けという体制そのものを否定することにも繋がりかねないことから，いずれの場合にも懲戒解雇を含む厳しい懲戒処分の対象になると考えます。

(2) 行為の結果について

　企業秩序を乱す事情があり懲戒対象となる場合には，懲戒の量定判断では，従業員の行為が暴行罪にとどまる程度なのか，傷害罪にまで至る程度なのかという点に注意すべきです。

　なぜなら，解雇予告の除外認定事由（即時解雇事由）に関する解釈例規でも，「原則として極めて軽微なものを除き，事業所内における盗取，横領，傷害等刑事犯に該当する行為のあった場合」と定められており，明示的に「暴行」という文言ではなく「傷害」と規定されているからです。

　よって，暴行にとどまる範囲であれば，懲戒解雇など労働契約の解消を

第15節　身だしなみに関する規律違反　157

前提とする懲戒処分を選択することは難しいと考えますが，他方，傷害に至る場合には，行為の態様やその他の事情にもよりますが，事案によっては労働契約の解消を前提とする懲戒処分を選択することも検討できるかもしれません。

第15節　身だしなみに関する規律違反

1　企業が身だしなみを規制できるか

　企業が労働者に対し，業務遂行中の身だしなみとして制服や名札・社員章などの着用を求めることがあります。これらは顧客や取引先からの信頼を保持し，あるいは，安全・衛生を保持するといった目的からなされる場合などが想定されます。また，就業規則において，職場の風紀秩序を乱すような服装を禁じる規定や，従業員の品位や節度を保持すべき服装や身だしなみを求める規定を設けている企業も多く見受けられます。

　本来，従業員の髪形や服装などといった身だしなみは，私的領域に属する事柄であり，各人の自己決定権に服するものと解されます。特に，髭や髪形は，服装やピアス等の装飾品と異なり執務時間中に限った制限を加えることが困難なことから，規制が私生活の領域にまで及ぶことになります。

　したがって，労働契約上，身だしなみに制約を設ける場合にも無制限に認められるものではありません。

　従業員の身だしなみに関する規律について，一般論を論じた裁判例では次のように判示しています。

　「一般に，企業は，企業内秩序を維持・確保するため，労働者の動静を把握する必要に迫られる場合のあることは当然であり，このような場合，

企業としては労働者に必要な規制，指示，命令等を行うことが許されるというべきである。しかしながら，このようにいうことは，労働者が企業の一般的支配に服することを意味するものではなく，企業に与えられた秩序維持の権限は，自ずとその本質に伴う限界があるといわなければならない。特に，労働者の髪の色・型，容姿，服装などといった人の人格や自由に関する事柄について，企業が企業秩序の維持を名目に労働者の自由を制限しようとする場合，その制限行為は無制限に許されるものではなく，企業の円滑な運営上必要かつ合理的な範囲内にとどまるものというべく，具体的な制限行為の内容は，制限の必要性，合理性，手段方法としての相当性を欠くことのないよう特段の配慮が要請されるものと解するのが相当」としました（株式会社東谷山家事件＝福岡地小倉支決平9.12.25労判732-53）。

「制限の必要性，合理性」という点では，業種や当該労働者の担当する職務内容などが判断のポイントになるといえます。例えば，一流ホテルの接客担当ということになれば，清潔感，統一感のある身だしなみを求めることにも相当の合理性が認められると考えられますが，いわゆる事務職として社内において勤務し，対外的な対応を一切行わないといったケースでは，身だしなみについて強い規制を行う必要性は乏しいといえます。

この点，裁判所も，ハイヤー運転手の接客について「多分に人の心情に依存する要素が重要な意味をもつサービス提供を本旨とする業務」とし，「従業員の服装，みだしなみ，言行等が企業の信用，品格保持に深甚な関係を有するから，他の業種に比して一層の規制が課せられるのはやむを得ない」と判示しました（イースタン・エアポートモータース事件＝東京地判昭55.12.15労判354-46）。

また，「手段方法の相当性」に関しては，裁判例では規定を限定解釈した上で判断する傾向にあります（第6章第3節1）。例えば，懲戒処分の事案ではないですが，郵便事業会社の窓口業務を含む職務に従事していた男性職員が髭や長髪を理由に手当カット，担当職務の限定などを受けたことから損害賠償請求した事案において，男性職員の髭及び長髪を不可とす

第15節　身だしなみに関する規律違反　159

る身だしなみ基準は「顧客に不快感を与えるようなひげおよび長髪は不可とする」との内容に限定して適用されるべきとしました（郵便事業（身だしなみ基準）事件＝神戸地判平22.3.26労判1006-49）。

　ただし，入社時に，髭を伸ばさない・髪を染めないといった同意（誓約書）を従業員から取得していた場合には，別途議論の余地が残っている可能性があります。

　前掲イースタン・エアポートモータース事件において，裁判所は「『乗務員勤務要領』に記載されている"ヒゲ"が本件のような口ひげをも指すか否かが問題となる」とし，加えて「原告が，被告会社と労働契約を結んだ際，口ひげをはやしてハイヤーに乗車勤務しないとの労働条件が明示的に右契約の内容とされたことを認める証拠はない」と述べています。本事案においては，「乗務員勤務要領」が就業規則としての効力を有しないと判断されましたが，それならば，「乗車勤務にあたっては，いかなる口ひげもそらなければならない」ことを就業規則に定め，入社時に就業規則を遵守する旨の誓約書を受け取れば，明示的な労働契約の内容と認められるのかという論点が残るといえます。

　このような誓約書が有効と認められるかどうかはわかりませんが，労務管理上，入社時には誓約書を受け取っておくべきだと考えます。

◆　イースタン・エアポートモータース事件＝東京地判昭55.12.15労判354-46
　　ハイヤー会社に勤務していた運転手（以下「運転手」といいます）が鼻下にひげをたくわえて乗務していたため，上司が「乗務員勤務要領」（服務規程）に基づきひげをそるよう命じたところ，運転手が，乗務員勤務要領で禁止されている「ひげ」とは「無精ひげ」又は「異様，奇異なひげ」を指すものであって，自分のひげは該当しないとして，命令に従うべき義務がないことの確認を求めた事案において，裁判所は，「ハイヤー運転手は，業務の性質上顧客に対して不快な感情や反発感を抱かせるような服装，みだしなみ挙措が許されないのは当然であるから，被告会社がこのようなサービス提供に関する一般的な業務上の指示・命令を発した場合，それ自体合理的な根拠を有するから，ハイヤー運転手がそれに則ってハイヤー業務にあたることは，円満な労務提供業務を履行するうえで要求され

160　第7章　裁判例から読み解く懲戒事由ごとの量定判断

て然るべきところである。」として，私的自由な行為を業務上最小限度で制約することを認め，その指示・命令も合理的根拠があるとしました。

　加えて，「被告会社が，原告を採用するにあたってもハイヤー業務の特殊性および顧客に対するサービスに徹することを説示した上で，『乗務員勤務要領』を交付してその履行を教育・指導していたものであるから，原告は，これに従った労務提供義務を負うことは明らかである。従って，原告は，『乗務員勤務要領』により指示された車両の手入れ，身だしなみを履践することはもちろん髭をそるべきこともまた当然である。」として，運転手もひげをそらなければならないとしました。

　しかし，この事案では，「ひげをはやしてはならない」という乗務員勤務要領に基づく本件命令を無効と判断しました。当該事案の運転手に対する「ひげをそりなさい」という本件命令が無効と判断されたのは，運転手の「ひげ」が乗務員勤務要領に記載されている「ひげ」には該当しないと判断されたためです。すなわち，乗務員勤務要領に記載されている「ひげ」とは，乗客に不快感を与える「無精ひげ」や「奇異なひげ」であって，運転手はきちんとひげの手入れをしており，乗務員勤務要領に記載されたひげには該当せず，規定に違反していない，したがって命令違反ではなく，懲戒も無効であると判断したのです。

2　違反した場合の対応

　企業が定める合理的な服装規定，身だしなみ基準に労働者が違反した場合，企業は懲戒処分を行い得るのかということが，次に問題となります。

　服装規定，身だしなみ基準に違反した状態での労働者の労務提供は，債務の本旨に従った履行の提供とはいえないことから，雇用契約上の義務不履行（不完全履行）となります。そして，他の従業員が服装規定，身だしなみ基準を遵守している中，それに違反する者がいれば，企業秩序が乱れることは明らかですから，懲戒処分の対象になるといえます。

　理論上はこのように整理可能ですが，実務では直ちに懲戒処分とすることは適当ではないと考えます。なぜなら，懲戒処分対象者以外の他の従業員に，同様に身だしなみが不適当な者がいないかという点の確認が困難な

ことも多く，その点について労働者から反論を受けることも考えられるからです。

そこで，他の従業員の身だしなみの状況を把握した上で，まずは口頭で注意指導を実施し，それでも改善しなければ書面により注意指導を行うべきです。そして，それらの注意指導を行っても一向に改善しない場合には譴責や減給といった軽めの懲戒処分を検討するのが適切であると考えます。

なお，注意指導をする際には，誰から注意をするかという点に留意すべきです。なぜなら，女性の髪形や服装，身だしなみについて男性の上司が指導した場合，セクハラであると無用な反発を受けることがあります。そこで，このような場合には同性の女性から注意指導をする方が望ましいといえます。

また，懲戒処分の程度についてですが，当該企業の業種及び規定違反がもたらす業務阻害の程度などによっては，さらに重い処分を検討する余地がないではありません。ただし，それでも諭旨解雇や懲戒解雇は難しいと考えておくのが穏当です。再三の注意にもかかわらず改善しない場合には，対外的業務を行わない職務への配置転換，さらには従業員適格を欠くとした普通解雇を検討すべきです。

3　特殊な問題 ── 性同一性障害 ──

昨今，服装規定違反との関連で問題となり得る特殊な事例が存在します。それは，性同一性障害（性別違和）を有する従業員の服装，身だしなみに関する問題です。例えば，性同一性障害の男性従業員が企業に対して自身の障害をカミングアウトし，女性の服装・容姿での勤務を希望した場合，企業としてどう対応すべきかということが問題となります。

まず法的な整理を試みますと，性同一性障害を保護する特別法は現在存在しません（いわゆる「ＬＧＢＴ差別解消法案」は国会にて継続審議中です）。障害者雇用促進法における「障害者」は，障害のために「長期にわ

162　第7章　裁判例から読み解く懲戒事由ごとの量定判断

たり，職業生活に相当の制限を受け，又は職業生活を営むことが著しく困
難な者」を指すところ（同法2条1号），性同一性障害者は，その職業能
力には何ら問題はないことから，同法上の障害者には当たらないといえま
す。したがって，障害者雇用促進法に基づく合理的配慮義務の対象とはな
りません。また，「障害」による差別は，労基法3条の差別禁止対象（社
会的身分）に含まれないと解されていますので，同法による保護もないと
いえます。もっとも，憲法14条1項は「すべて国民は，法の下に平等であ
つて，人種，信条，性別，社会的身分又は門地により，政治的，経済的又
は社会的関係において，差別されない。」としており，性的指向や性自認
についても同条により保護される，すなわち同条の間接適用により民事上
の保護（民法90条（公序良俗），民法709条（不法行為），権利濫用論な
ど）を私人間の行為についても受けるという考え方があります。したがっ
て，企業が労務管理上の指示命令等をする際にも，このような法的議論を
念頭に，性同一性障害について一定の配慮を心掛けるべきです。では，上
記のケースで企業がどのように対応すべきかということですが，これは非
常にセンシティブな問題であり，性転換手術をしているか否かといったそ
の他の事情にも配慮すべき問題ですが，対外的折衝のない社内勤務という
ことであれば，他の従業員への説明等を行った上であれば秩序の維持は図
られると思われるため禁じることは難しいと考えます。他方，対外的業務
に就いているような場合には，他性別の容姿をすることにより顧客や取引
先の従業員が違和感，嫌悪感を抱くおそれは否定し得ないですので，女装
の禁止を求めることも可能であり，それに違反した場合には理論上は懲戒
処分の対象になると考えます。

　もっとも，性的少数者（LGBTQ）への配慮に関する問題が近年社会課
題となっていることからすると，懲戒処分の実施にあたっては，そこに至
るまでの会社の対応の正当性が問われることになると思います。そこで，
対外的業務に従事する従業員が，他性別の容姿で勤務することを希望した
場合には，対内的業務への異動を命じるなどの対応をまずは検討すべきで

あると考えます。

◆ S社（性同一性障害者解雇）事件＝東京地決平14.6.20労判830-13

生物学的には男性の従業員が，女性の服装・容姿で出勤しないよう命じた業務命令に従わず，女性の服装等をして出社を続けたことなどを理由に懲戒解雇された事案において，裁判所は，取引先や顧客のうちの相当数が女性の容姿をした当該従業員に対して違和感・嫌悪感を抱く，あるいは抱くおそれのあることなどを考えると，会社が社内外への影響を憂慮し，当面の混乱を避けるために，女性の容姿をして就労しないよう求めること自体は一応の理由があるとする一方，当該従業員は性同一性障害（性転換症）として，他者から男性としての行動を要求され又は女性としての行動を抑制されると，多大な精神的苦痛を被る状態にあったことに照らすと，女性の容姿をして就労することを認め，これに伴う配慮をしてほしいと求めることは，相応の理由があるとしました。

その上で，本件服務命令違反行為は，懲戒解雇事由に該当するものの，下記の事情から，懲戒解雇に相当するまで重大かつ悪質な企業秩序違反であると認めることはできないとしました。

① 他の従業員が抱いた違和感・嫌悪感は，当該従業員の事情を認識し理解するよう図ることにより時間の経過も相まって緩和する余地が十分あること

② 取引先や顧客が抱くおそれのある違和感・嫌悪感については，会社の業務遂行上著しい支障を来すおそれがあるとまでは認められないこと

③ 会社が当該従業員の事情を理解し，女性の服装で勤務したい，女子トイレ・女性更衣室を使用したいといった申出に関する当該従業員の意向を反映しようとする姿勢を有していたとも認められないこと

④ 会社が当該従業員の業務内容，就労環境等について適切な配慮をした場合においてもなお，女性の容姿をした当該従業員を就労させることが企業秩序又は業務遂行において著しい支障を来すと認めるに足りる疎明はないこと

POINT

服装や身だしなみに関する規律に違反した場合でも，そもそも規律内容が「制限の必要性，合理性」「手段方法の相当性」の観点から有効な制約といえるか検討する必要がある。

164 第7章 裁判例から読み解く懲戒事由ごとの量定判断

| 第16節 | 私生活上の犯罪行為 |

1 私生活上の犯罪行為

　懲戒権は，企業が事業活動を円滑に遂行するために必要な範囲で，企業秩序を維持する権限として使用者に認められたものです。したがって，企業施設外で就業時間外に行われた従業員の私生活上の非行行為については，たとえその非行が痴漢や暴行など犯罪行為に該当するものであったとしても，そのことから直ちに企業秩序が乱されたとはいえないことから，理論上は懲戒対象とはなりません。その場合には，人事権をはじめとする監督権限・管理権限による対応が基本となります。

　しかし，従業員の私生活上の行為であっても，事業活動の遂行に直接関連する場合や，企業の社会的評価を低下させ若しくは毀損するおそれがある場合には，懲戒の対象となります。このことは最高裁判例でも明確に述べられています（国鉄中国支社事件＝最判昭49.2.28労判196-24）。

　そして，裁判例を見ると，会社の名誉・社会的信用が毀損されたかどうかは，会社の事業の種類・態様・規模，会社の経済界に占める地位，経営方針及びその従業員の会社における地位・職種など諸般の事情から総合的に判断されています。

◆　**日本鋼管事件＝最判昭49.3.15労判198-23**
　　従業員らが，いわゆる砂川事件（在日米軍の基地拡張のための測量を阻止するための不法な飛行場立ち入り）に加担し，逮捕・起訴（最終的には罰金2,000円の有罪判決）されたことを理由に懲戒解雇又は諭旨解雇をされた事案において，最高裁は，「会社の社会的評価に重大な悪影響を与えるような従業員の行為については，それが職務遂行と直接関係のない私生活上で行われたものであっても，これに対して会社の規制を及ぼしうることは当然認められなければならない。」と

しつつも，「従業員の不名誉な行為が会社の体面を著しく汚したというためには，必ずしも具体的な業務阻害の結果や取引上の不利益の発生を必要とするものではないが，当該行為の性質，情状のほか，会社の事業の種類・態様・規模，会社の経済界に占める地位，経営方針及びその従業員の会社における地位・職種等諸般の事情から綜合的に判断して，右行為により会社の社会的評価に及ぼす悪影響が相当重大であると客観的に評価される場合でなければならない。」として，結論としては懲戒解雇及び諭旨解雇を無効と判示しました。

2　選択すべき懲戒の程度

　私生活上の犯罪行為に対する懲戒処分を検討する場合，その量定については，当該犯罪の法定刑を参考にするとともに，第6章第4節2で説明した公務員に関する「懲戒処分の指針」（平12.3.31職職-68，巻末資料3）及び解雇予告の除外認定事由（即時解雇事由）が参考になると考えます。

3　痴漢行為

(1)　懲戒事由該当性

　電車やバス等の交通機関内における痴漢行為は悪質な犯罪であることは間違いないですが，企業外非行である以上，必ずしも懲戒処分の対象となるとは限りません。

　もっとも，鉄道会社に勤める駅員が痴漢行為をしたような場合には，業務との関連性が強く，会社の社会的信用の低下毀損につながるおそれがあることから懲戒対象となります。この際，自社運営の路線において痴漢行為に及んだのか，他社運営の路線において痴漢行為に及んだかでも企業秩序に与える影響の程度には差が生じると考えますが，裁判例はこのような事情を十分に斟酌しているとはいえません。

◆　東京メトロ（諭旨解雇・本訴）事件＝東京地判平27.12.25労判1133-5

　　駅係員が自社が運営する電車内で通勤途中に痴漢行為をしたとして逮捕され，

166 第7章 裁判例から読み解く懲戒事由ごとの量定判断

略式命令を受けたことを理由に諭旨解雇処分とされた事案において，裁判所は，「従業員の私生活上の非行であっても，会社の企業秩序に直接の関連を有するもの及び企業の社会的評価の毀損をもたらすと客観的に認められるものについては，企業秩序維持のための懲戒の対象となり得るものというべきである。」と述べた上で，痴漢行為の撲滅に向けた取り組みを積極的に行っていたことなどを指摘して懲戒の対象としては認めましたが，諭旨解雇という身分を失わせる処分をもって臨むことは重きに失するとして，諭旨解雇を無効と判示しました。

　この裁判例では，当事者が「企業外の非行」であることを前提に主張をし諭旨解雇の有効性を争っていたため，裁判所もその影響から本件痴漢行為を「私生活上の非行」と整理して判断していますが，A駅で勤務する駅係員が自社路線のB駅で痴漢行為に及んだといった事案では，本来は，「企業内非行」と捉えるのが適当であり，企業外非行として処理すること自体おかしいと考えます。

　裁判例の中には，鉄道会社の従業員が電車内で痴漢行為を行ったことが，会社の社会的信用の低下毀損につながるおそれがあるとして，懲戒解雇を有効とした事案があります。この裁判例は，他社路線で痴漢行為が行われた事案でしたが，会社が痴漢撲滅運動に力を入れていたことに加え，本件行為のわずか半年前に，同種の痴漢行為で罰金刑に処せられ，昇給停止及び降職の処分を受け，今後，このような不祥事を発生させた場合には，いかなる処分にも従うので，寛大な処分をお願いしたいとの始末書を提出しながら，再び同種の犯罪行為で検挙されたといった個別事情があったことにより，懲戒解雇が有効とされたと考えられます。

◆　**小田急電鉄（退職金請求）事件＝東京高判平15.12.11労判867-5**
　鉄道会社の従業員である原告が，たびたび電車内で痴漢行為を行ったことを理由に懲戒解雇され，退職金が支給されなかったことに対して，懲戒解雇は無効であるとして退職金の支払いを請求した事案において，裁判所は，「従業員の犯罪行為によって会社の名誉，信用その他の社会的評価の低下毀損につながるおそれがあると客観的に認められる場合とは，必ずしも具体的な業務阻害の結果や取引上の不利益の発生を必要とするものではなく，当該犯罪行為の性質，情状のほか，会社の事業の種類・態様・規模・経営方針及びその従業員の会社における地位・職種等諸般の事情から総合的に判断して，当該犯罪行為のために会社の社会的評

価に及ぼされる悪影響が相当重大であると客観的に評価される場合であれば足りるものと解される。」とした上で、「被告は鉄道事業等を主たる業務とする株式会社であるところ、被告を含め、電鉄会社は痴漢撲滅運動に力をいれており、原告は、本来、鉄道業に携わる者としてこうした犯罪から乗客を守るべき立場にあることなどに照らすと、被告の規模、原告の地位のほか、本件行為に関し被告の企業名が報道された事実が存しないこと等を斟酌しても、本件行為については、これによって被告の名誉、信用その他の社会的評価の低下毀損につながるおそれがあると客観的に認められるといわざるを得ず、また、これらの事実に照らした場合、懲戒として懲戒解雇を課したことも、懲戒権者に認められる裁量権の範囲を超えるものとは認められない」として、懲戒解雇を有効と判断しました。

　なお、物流事業等を営む会社が、従業員の通勤途中における電車内の痴漢行為を理由として行った懲戒解雇を有効とした裁判例（東京地判平15.12.8判例集未掲載）がありますが、実務上は参考とすべきではないと考えます。なぜなら、物流事業等を営む会社では、痴漢行為と業務との間に関連性は特になく、懲戒解雇を相当とするだけの企業秩序違反ないしそのおそれは見て取れないと解されるからです。

　痴漢行為について態様の悪質な事案であれば、人事権による対応として普通解雇の有無が検討されるべきと考えます。

(2)　選択すべき懲戒の程度

　裁判例を見ると、懲戒の量定を判断するにあたっては、痴漢行為の具体的な態様や悪質性、当該従業員の地位、当該従業員が痴漢行為について隠ぺい工作をしようとしたかどうか、当該従業員の日頃の勤務態度、痴漢事実のマスコミによる報道の有無などの事情が考慮の対象とされています。

　そして、痴漢行為の態様という点では、強制わいせつ罪に該当するレベルか、迷惑防止条例違反にとどまるレベルかが、判断基準としてポイントとなります。

　また、人気のない場所で突然抱きついたり押さえつけたりするような痴漢行為と、電車やバス等の交通機関内での痴漢行為とは区別して考えなけ

ればなりません。人気のない場所での痴漢行為は，被害者が抵抗すれば生命が脅かされる危険もありますが，交通機関内での痴漢行為については，被害者に生命の危険があるとまではいえません。そのため，交通機関内での痴漢行為を理由に懲戒処分を実施する場合，多くの事例では労働契約解消に至るような重い懲戒処分は量定不当として無効となる可能性が高いといえます。

　近時の裁判例でも，前述のとおり，鉄道社員について痴漢行為を理由に諭旨解雇とした事案において，行為の悪質性が比較的低く，企業秩序に対して与えた具体的な悪影響は大きくなく，また日常の勤務態度に問題はなく，過去に懲戒歴もないことを合わせ考えれば，諭旨解雇処分は重きに失するとして，諭旨解雇を無効としたものがありますが（前掲東京メトロ（諭旨解雇・本訴）事件），同裁判例は，当該痴漢行為が自社路線で行われたものであって他社路線で行う場合より企業秩序に与える悪影響は大きかったという事情について，きちんと考慮したのか疑問があります。

　これに対し，痴漢行為を理由とする懲戒解雇を有効とした裁判例も存在しますが（前掲小田急電鉄（退職金請求）事件），前述のとおり，同事件は，わずか半年前に同種の痴漢行為で罰金刑に処せられ，昇給停止及び降職の処分を受けていたにもかかわらず再度痴漢行為を犯したという事案であって，その他にも鉄道会社が痴漢撲滅運動に力を入れていたという事情もあり，特別な事案と解するべきです。なお，同事件においても，懲戒解雇に伴う退職金の全額不支給は無効とされ3割の支給が認められています。

4　飲酒運転

(1)　飲酒運転に対する懲戒

　平成18年8月に起きた福岡市職員の飲酒運転による幼児3名の死亡事故等を契機に，飲酒運転に対する社会的批判が一気に高まり，「飲酒運転で逮捕されたら懲戒解雇処分を受ける」という意識が，公務員だけでなく，

第16節　私生活上の犯罪行為　169

民間企業で働く労働者の間でも一般的になったように思われます。

　確かに，公務員は，国民全体に対する奉仕者ですから，国民に危険を及ぼすような飲酒運転を行った場合には，その責任が厳しく問われるということもあります。平成20年4月1日には国家公務員の「懲戒処分の指針」が一部改正され，酒酔い運転で人に傷害を負わせた場合には，従前は「停職又は免職」だったのが「免職」とされるなど，懲戒処分の基準が厳格化されました。しかし，民間企業の労働者を国民全体の奉仕者である公務員と同様に考えることはできません。また，公務員についても，飲酒運転につき懲戒免職とした自治体のケースで免職を取り消す判決が多数出ており，懲戒基準を見直す動きが見られます。最近でも，福岡市水道局に勤務していた職員が，酒気帯び運転を理由に懲戒免職となったのは「処分が重すぎて違法だ」として，市を相手に処分の取り消しを求めた訴訟の上告審で，市の敗訴が確定するなどしています。

◆　懲戒免職処分取消請求事件＝最判平28.9.8，福岡高判平27.12.15判例集未掲載
　　福岡市水道局の職員が，原動機付自転車で酒気帯び運転をして警察に検挙されたことを理由に懲戒免職処分とされた事案において，裁判所は，本件非違行為は飲酒運転の中では比較的軽微な態様であり，人的・物的な被害結果も生じていない上，原因，動機ないし経緯において悪質性が著しいとまではいえないこと，当該職員は管理職又は指導的立場にあったわけではなく，警察による検査や事情聴取に素直に応じ，上司にも速やかに本件非違行為の事実を報告するなどしていること等を考慮すれば，本件非違行為に対して停職等ではなく免職をもって臨むことは，公務秩序維持の必要性と処分による不利益の内容との権衡を欠き，処分の選択が重きに失するとして，取り消す旨判示しました。

　基本的には，私生活上で飲酒運転をしたとしても，企業外での非行ですから，刑事罰の対象となっても，それをもって直ちに懲戒処分の対象とはなりません。これが原則であり，当該飲酒運転が，会社の事業活動に直接関連する場合や会社の社会的名誉・信用を傷つけ又はそのおそれがあるといえる場合に，はじめて企業秩序を乱す又はそのおそれがあるものとして懲戒対象となります。このことは第14節及び本節の3で取り扱った，私生

活上の痴漢・暴行と同様の整理です。

(2) 懲戒事由該当性の判断要素

　私生活上の飲酒運転に対する懲戒が争われた裁判例を検討すると，次の①〜⑤が懲戒事由該当性の判断に影響すると考えられます。

　①　飲酒量及び運転時の呼気中アルコール濃度

　②　事案がテレビ・新聞等のメディアで報道されたなどの事情

　③　当該飲酒運転により人身事故など重大な結果を発生させたか否か

　④　当該非違行為者の勤務する会社がバス，タクシー，貨物配送等の運送業を営む会社であるか否か

　⑤　運送業を営む会社である場合，当該非違行為者が運転業務に従事する者か否か

　この中でも特に重要となるのが，④・⑤の視点です。つまり，「業種・業態」が重要な判断要素となります。

　例えば，上記④の業種でなくとも，マスコミ関連企業の従業員の場合，マスコミは飲酒運転による事故が起きると厳しく批判する側であり，社会的影響力も大きいため，その関係者には法令遵守がより強く求められるといえます。そのため，私生活上の飲酒運転も懲戒処分の対象となる可能性が高いと考えます。

　また，地方銀行の場合も私生活上の飲酒運転を理由とする懲戒処分が有効と判断される可能性があります。地方銀行は，その地域で，ある一定の模範的姿勢を求められている面があるからです。実際，多くの銀行では飲酒運転について厳しい懲戒処分を定めています。

　これに対し，製造業を営む企業の工場に勤務する従業員が飲酒運転で事故を起こしたとしても，懲戒処分をすることは難しいと考えます。なぜなら，飲酒運転による事故だけでは会社の信用・名誉が傷つけられたとはおよそいえないからです。

第16節　私生活上の犯罪行為　171

(3)　選択すべき懲戒の程度

　懲戒を実施するとして処分量定を判断するにあたっては，まず前述①の観点から当該飲酒運転が，酒酔い運転（アルコールの影響により正常な運転ができないおそれがある状態での運転）と，酒気帯び運転（政令で定める基準以上のアルコールを身体に保有する状態での運転）のいずれに当たるかで分けて考えるべきです。

　④の観点から，運送業を営む企業において，「酒酔い運転」に該当する事案の処分量定に懲戒解雇を定めることは問題ありません。しかし，懲戒解雇は懲戒事由との均衡が強く求められることから，②③の観点すなわち「事故・マスコミ公表の有無」を問わないで一律に懲戒解雇とすることは妥当でないと考えます。したがって，柔軟な懲戒処分の選択の余地を残すためにも，降格・降職等の処分を定めておいた方がよいといえます。ただし，運転手として不適格であるとして普通解雇を議論する余地はあるといえます。

　続いて，「酒気帯び運転」に対する処分量定を考えると，④の観点からは，運送業であれば，懲戒解雇を定めることは一応妥当性が認められるといえますが，飲酒行為の態様，飲酒量，飲酒前後の事情等から必ずしも情状が悪質であるとは限らず，常に懲戒解雇はもちろん懲戒処分そのものが可能となる事案ばかりではないと思います。したがって，酒酔い運転の場合以上に，事案ごとに柔軟な懲戒処分が選択できるよう，②③が認められる場合すなわち「事故を起こした場合」「マスコミに公表された場合」についても，降格・降職，減給，譴責等を量定として定めておいたほうが無難です。なお，単に「事故を起こした」「マスコミに公表された」といっても，必ずしも会社の社会的信用が低下・毀損されるとは限らないですから，この社会的信用の点の評価についても十分な注意が必要となります。

　以上を踏まえても，運送業を営む企業（④）において，運転業務に従事する者（⑤）が，自身の酒酔いはもちろん酒気帯びを認識しながら（認識し得る程度の飲酒量で）飲酒運転をし（①），人身事故を発生させ（③），

172　第 7 章　裁判例から読み解く懲戒事由ごとの量定判断

マスコミ報道された（②）というような場合には，前述の要素を全て満たしている以上，懲戒解雇の判断もやむを得ないといえます。近時の裁判例としては，ドライバーではない運送業従業員に対する業務時間外の酒気帯び運転を理由とした懲戒解雇を有効と判示した日本通運事件＝東京地判平29.10.23労経速2340-3 があります（退職金についても 5 割の減殺を認めています）が，このように⑤の要素が欠けてすら懲戒解雇が有効となっていることからすれば，①～⑤まですべて満たす上記の例についても，裁判例上，懲戒解雇の有効性が肯定される可能性は十分あるといえます。

　なお，運送業以外を営む企業においては，④の要素を欠くため，企業秩序を乱す場合でも，極めて悪質な事案を除いて，懲戒解雇や諭旨解雇といった懲戒処分までは難しいと考えます。

5　私生活上の非行行為に対する実務対応

　痴漢行為，飲酒運転と私生活上の犯罪行為に対する懲戒処分を見てきましたが，これらのうち，理論的には懲戒処分の対象とはいえない企業外非行についても，実務では懲戒処分を科すということが行われています。

　すなわち，非行行為が職場内において公知の事実となってしまっているような場合，非行行為者もけじめとして何かしらの懲戒処分を受けた方が職場に戻りやすいし，他の従業員の理解も得られるという現実があります。このような趣旨の懲戒処分であれば，非行行為者も受け入れる可能性が高く，会社としても企業秩序を維持することができます（監督権限・管理権限での対応も考えられるところです）。

　ただし，ここで注意が必要なのは，このような懲戒処分の趣旨をきちんと処分対象者に理解させておくということです。懲戒対象者の理解が不十分であると不要な紛争が生じかねません。そして，この際に選択する懲戒処分の程度は，（当たり前ですが）企業外に放逐する懲戒解雇や諭旨解雇など重い懲戒処分（普通解雇も同様）ではなく，降格や降職よりも軽い懲

戒，つまり労働契約の継続を前提とした懲戒のうち減給や譴責といった軽い懲戒処分とします。懲戒解雇や諭旨解雇を選択した場合は，個別労働紛争として争われる可能性が高く，その場合，会社は非常に苦しい立場に立たされてしまうと考えます。

> **POINT**
> 私生活上の犯罪行為に対して懲戒を検討する際には，それが会社の社会的信用を害しているか否かなど企業秩序に与える影響を慎重に判断する必要がある。

第17節　集団的労使関係

1　基本的考え方

憲法28条は「勤労者の団結する権利及び団体交渉その他の団体行動をする権利は，これを保障する。」と定めて，労働者に団結権，団体交渉権，団体行動権の労働三権を付与しています。この規定は，同法27条2項の最低労働条件を使用者に遵守させ，さらによりよい労働条件の獲得に向けての活動を労働者に保障するものであり，使用者と労働者間に存在する実質的不平等を解消する手段といえます。

そして，この団体行動権には，①争議権と②組合活動権の2種類の権利が含まれており，①に基づく類型の行為が「争議行為」，②に基づく類型の行為が「組合活動」と呼称されます。

争議行為と組合活動は，最高裁判例や労組法の条文で明確に定義付けされているわけではありませんが，本書では，争議行為とは，「労働者の集

団がその主張の示威または貫徹を目的として労務を完全または不完全に停止し，また必要によりこの労務停止を維持するためのピケ行為および使用者との取引拒否の呼びかけを行うこと」（菅野『労働法〔第11版補正版〕』907頁）と考え，組合活動とは，それ以外の団体行動を指すと整理します。

　具体的には，争議行為は，ストライキ，怠業，ピケッティング，職場占拠，ボイコット等の行為を，組合活動は，組合加入への勧誘，ビラ配布，組合集会等の日常の活動に加え，ビラ貼布，リボン・バッジ着用等の行為を含むと考えればイメージが湧くかと思います。

　そして，これらの争議行為や組合活動については，民事上，業務阻害という「違法」を出発点として，労働法上，その違法性が阻却され「適法」となると考えるのが，通説の立場とされています＊。

【違法性阻却のイメージ】

```
┌──────────┐
│ 争議行為 │          「正当性」
│          │  違法 ──→ （労組法1条2項，同8条）──→ 適法
│ 組合活動 │          を満たせば違法性阻却
└──────────┘
```

＊　この点について筆者は，組合活動については，業務阻害を伴わず，かつ就業規則の服務規律を遵守した上で十分に日常的活動をなし得るものであり，判例も，そのような考えを基本としていると評価しています。すなわち，民事上「違法」な組合活動は，労働法上も「違法」と評価されると思います。

　これが，争議行為や組合活動の「正当性」の問題であり，その正当性が肯定されれば，①刑事免責（憲法28条，労組法1条2項），②民事免責（憲法28条（労組法8条は争議行為の民事免責のみ規定）），③不利益取り扱いからの保護（労組法7条1号）を受けることになります。

2 団体行動の「正当性」判断

　団体行動の正当性の判断は，その目的，態様の両面から判断されます。判例においても，争議行為の正当性が争点となった事案において，「如何なる争議行為を以て正当とするかは，具体的に個々の争議につき，争議の目的並びに争議手段としての各個の行為の両面に亘って，現行法秩序全体との関連において決すべきである。」と明確に判示されています（山田鋼業吹田工場事件＝最判昭25.11.15判タ 9 -53）。

　そこで，まずは「目的の正当性」について検討が必要となります。この点については，労組法 2 条が定める労働組合の目的，すなわち「労働条件の維持改善その他経済的地位の向上を図る」という目的に沿うものである限り，正当性が認められると解されます。したがって，労使関係とは関係のない，いわゆる大衆運動，政治ストなどは，目的の正当性は認められません。

　次に，「態様の正当性」についてですが，これは団体行動の各類型によっても判断枠組みが異なると考えられます。そこで，以下では，争議行為，組合活動と分けて「態様の正当性」について説明します。

(1) 争議行為の態様の正当性判断

　争議行為は，労働者による集団的労務不提供がその本質ですので，使用者の操業の自由との関係が問題となります。

　争議行為が正当なものであるためには，労働組合の統一的な意思の発動とみられる組織的な行動であることを要し，その態様（手段，方法）についても，自ずから限界があります。争議行為が，労働者の地位の向上を目的として行使される 1 つの手段である以上，争議手段が社会通念に照らして相当といえるかという観点から検討しなければなりません。

　具体的には，争議行為の態様が単純な労務不提供にとどまる場合や平和

176 第7章 裁判例から読み解く懲戒事由ごとの量定判断

的説得といえる限りは，態様の正当性が肯定されますが，他方で，争議行為が職場占拠を伴う場合などは，原則として違法となり，業務が阻害されない範囲での企業の敷地内での職場滞留にとどまるというような特別の事情がある場合にのみ正当性が認められると考えます。

---

① 使用者の操業の自由への侵害の程度が類型的に強い行為

　例）労務不提供に加えて，職場占拠，虚偽の事実適示等を伴う場合

　→　原則として違法，業務を阻害しないような特別の事情がある場合にのみ正当性が肯定され得る

② 使用者の操業の自由への侵害の程度が類型的に弱い行為

　例）単純な労務不提供，平和的説得にとどまる場合

　→　原則として正当性が肯定される

⑵　組合活動の態様の正当性判断

ア　職場内での組合活動（ビラ貼付，職場集会，ビラ配布）

㋐　最高裁の立場

　我が国の労働組合は企業別組合が多いことから，組合活動を行う際に，会社内の施設を利用する場合が多々存在します。しかしながら，会社施設には使用者の施設管理権が及んでいますから，それとの関係が問題となります。

　この点，かつては学説や裁判例などにおいて様々な見解が議論されていましたが，最高裁は「許諾説」の立場にたつことを判示しました。この許諾説の考え方にたつと，使用者の施設管理権下にある会社施設を組合活動のために使用するには，使用者の「許可」が必要であり，使用者の許可のない（不許可の場合だけでなく，許可を得ていない場合も含む）会社施設の利用は，原則として違法と解され，使用者の不許可が権利濫用と評価されるような場合にのみ，違法の責任追及を免れることとなります（国労札幌支部事件＝最判昭54.10.30労判329-12）。

前掲国労札幌支部事件はビラ貼付の組合活動の事案でしたが，その後，組合の職場集会についても許諾説を前提とした同様の判決がなされています（全逓新宿郵便局事件＝最判昭58.12.20労判421-20）。

しかしながら，その一方で，ビラ配布の組合活動については，最高裁は許諾説を採用せず，就業時間外に施設内で行われた不許可のビラ配布について，「企業秩序を乱すおそれのない特別の事情」が存在する場合は，形式的に違法でも，実質上の違法性がないと判示しました（明治乳業事件＝最判昭58.11.1労判417-21）。なお，「企業秩序を乱すおそれのない特別の事情」の有無については，ビラ配布の態様，経緯及び目的並びにビラの内容を総合的に考慮して判断するとされています。

㈡　最高裁判例に関する筆者の整理

ビラ貼付や職場集会は，その行為自体が本質的に施設管理権を侵害するものであり，その程度が類型的に強いことから，そのような侵害行為であるにもかかわらず「企業秩序を乱すおそれのない特別の事情」が存在すること自体が想定されません。つまり，構成要件該当性（懲戒事由該当性ないし服務規律違反該当性）は直ちに認められ，使用者の施設管理権の濫用と判断された場合には，例外的に違法性が阻却されると考えることになります。

他方で，ビラ配布は，その行為の態様だけをみれば平穏なものから暴力的なものまで様々な態様が予想され，平穏な態様の配布は，その行為自体は労務提供とは関係のない行為ではあるものの，施設管理権を侵害していない，又は仮に侵害しているとしても，その程度は極めて弱いといえます。

それゆえ，ビラ配布については，前述の許諾説ではなく，企業秩序論という異なる基準で判断していると解されます。つまり，構成要件該当性（懲戒事由該当性や服務規律違反該当性）自体が問題となり，実質上の違法性があるかという点から「企業秩序を乱すおそれのない特別の事情」の有無が検討されます。

178 第7章 裁判例から読み解く懲戒事由ごとの量定判断

　そして，平穏な態様のビラ配布については，「企業秩序を乱すおそれのない特別の事情」が認められますから，実質上の違法性はないことになります。これに対して，平穏な態様ではないビラ配布については，上記特別の事情が認められないため，実質上も違法という結論になります。

---

① 使用者の施設管理権への侵害の程度が類型的に強い行為
　例）ビラ貼付，職場集会
　→　使用者の施設管理権の濫用であると認められる特段の事情のない限り，「正当な」組合活動とはいえない（許諾説）。
　　　施設管理権の濫用となるのは，権利行使が加害・不当目的による場合，すなわち，特定の不当労働行為意思に基づく場合に限られる。

② 使用者の施設管理権への侵害の程度が類型的に弱い行為
　例）ビラ配布，署名活動等
　→　企業秩序を乱すおそれのない特別の事情がある場合には，「正当な」組合活動といえる。
　　　特別の事情の有無は，例えばビラ配布の事案であれば，「ビラ配布の態様，経緯及び目的並びにビラの内容」を総合考慮して判断する。
　　※　生徒に配布する，他の従業員の休憩を妨害する，内容が違法・不当である，就業時間中に行うといった，いわゆるプラスアルファの要素のないビラ配布については，特別の事情が肯定されやすい。

イ　就業時間中における組合活動（プレート・リボン・バッジ等の着用）

㋐　最高裁の立場

　労働者は，労働契約に基づき就業時間中は職務専念義務を有していますので，就業時間中のリボン等の着用行為が，職務専念義務に違反しないかが問題となります。

この点，組合活動の事案ではないですが，政治活動としてのプレート着用行為に関する目黒電報電話局事件の最高裁判決（最判昭52.12.13労判287-26）は，職務専念義務について，職務上の注意力のすべてをその職務遂行に注ぐ義務（包括的専念義務）であると厳格に解して，就業時間中のプレート着用行為を同義務違反としました。その後，バッジ着用の組合活動の事案においても，同様の判旨がなされた原審を肯定する最高裁判決が出ています（国鉄鹿児島自動車営業所事件＝最判平5.6.11労判632-10，ＪＲ東海（新幹線支部）事件＝最判平10.7.17労判744-15）。

一方，リボン着用の組合活動に関する大成観光事件の最高裁判決（最判昭57.4.13労判383-19）では，上記判決と同様に結論としては組合活動としての正当性を否定する判断がなされましたが，職務専念義務について，職務を誠実に履行しなければならない義務（具体的専念義務）にとどまる旨の補足意見が伊藤正己裁判官によって述べられています。

その後，この伊藤正己裁判官の補足意見の影響もあってか，ベルト着用（バックル部分に組合記章が付いている）の組合活動に関する事案において，職務専念義務違反の判断にあたっては実質的違法性を考慮して判断するとして，職務専念義務違反を否定した判例も出ています（ＪＲ東日本（本荘保線区）事件＝最判平8.2.23労判690-12，仙台高秋田支判平4.12.15労判690-13）。

㈣ 最高裁判例に関する筆者の整理

まず，プレートやリボン，さらにはバッジといったように，労働者の業務遂行にとって必要とはいえない装飾品を，殊更目立つように制服の襟元や胸元に着用するケースにおいては，それだけで労働者の職務専念義務に違反する程度が類型的に強いといえます。

このようなケースについては，前述の目黒電報電話局事件が判示するように，形式的に職務専念義務に違反すれば「正当な」組合活動とはいえず，現実に職務の遂行が阻害されるなど実害の発生までは要しないと解されま

す。

　他方で，前述のＪＲ東日本（本荘保線区）事件のベルト（バックル部分）のように，社会通念上の必需品である服飾品を，特段目立たないような態様で着用するケースにおいては，労働者の職務専念義務に違反する程度は類型的に弱いといえます。

　このようなケースについては，形式的には職務専念義務に違反する場合であったとしても，使用者の業務や労働者の職務の性質・内容，当該行動の態様など諸般の事情を考慮して，実質的違法性がないと評価できる場合には，「正当な」組合活動といえると解されます。

---

①　労働者の職務専念義務に違反する程度が類型的に強い行為
　　例）プレート，リボン，バッジ等
　→　現実に職務の遂行が阻害されるなど実害の発生までは要せず，形式的に職務専念義務に違反すれば「正当な」組合活動とはいえない。

②　労働者の職務専念義務に違反する程度が類型的に弱い行為
　　例）ベルト（バックル部分）等
　→　形式的には職務専念義務に違反する場合であったとしても，使用者の業務や労働者の職務の性質・内容，当該行動の態様など諸般の事情を考慮して，実質的違法性がないと評価できる場合には，「正当な」組合活動といえる。

3　違法な団体行動と懲戒

(1)　組合員個人に対する懲戒処分

　争議行為や組合活動の正当性が否定された場合，すなわち違法な争議行為・組合活動については，それに参加した組合員個人を懲戒できるかが問題となります。

　この点について，組合員個人の責任を否定する理論もありますが，違法

な争議行為・組合活動は団体の行為であるとともに個人の行為でもあるとして，懲戒処分の実施を肯定しているのが大多数とされています。

◆ **全逓東北地本事件＝最判昭53.7.18労判302-33**
　　最高裁も「労働者の争議行為は集団的行動であるが，その集団性のゆえに，参加者個人の行為としての面が当然に失われるものではない以上，違法な争議行為に参加して服務上の規律に違反した者が懲戒責任を免れえないことも，多言を要しないところである。」と判示しています。

(2) 組合幹部に対する懲戒処分

　違法な争議行為や組合活動を企画・指導等した組合の三役や執行委員等の幹部に対して，その責任を問う形で懲戒処分が行われることが多くあります。ただし，決して幹部だから責任を問われるというわけではなく，違法な団体行動を現実に企画・指導し，その行為によって企業秩序を乱したことから，重要な役割を果たした責任（企画・指導責任）として，一般の組合員よりも重い責任を負うということです。特に，ストライキの実施については企画・指導を行った組合幹部の責任を問う懲戒事案の裁判例が多く見受けられます。

(3) 選択すべき懲戒の程度

　また，懲戒の処分量定については，裁判例を見ると，違法な争議行為や組合活動の態様の悪質性，組合幹部としての企画・指導責任の有無，業務阻害の程度，過去の処分歴，他組合員との公平性，従前の会社との団体交渉経緯などの事情を総合考慮して判断されています。

　そして，違法な争議行為や組合活動を企画・指導し，極めて悪質かつ重大な業務阻害行為に及んでいるような場合には，その他の事情によっては，懲戒解雇といった重大な処分が有効とされるケースもあります（前掲全逓東北地本事件，JR東海（懲戒解雇）事件＝大阪地判平12.3.29労判790-66など）。

4 懲戒と不当労働行為

集団労使関係と懲戒については，もう1つ，不当労働行為か否かという特有の問題があります。懲戒事由があっても組合員に対する懲戒処分が労働組合の存在や活動を阻害する意思をもってなされたものである場合は，不当労働行為（労組法7条1号）に該当し，懲戒の私法的効力が否定され無効となります。

この点，会社が労働組合に対して危機感や嫌悪感を抱いていたという反組合的な意思や動機（不当労働行為意思）を推測させる事実があり，同時に組合員を懲戒処分する正当な理由も存在するという場合，どう判断するのかが問題となりますが，裁判所では，使用者の内心の意思や動機を探り，不当労働行為意思が懲戒処分の決定的な動機となったと認められる場合に，不当労働行為の成立を認めるという考え方を採用しているようです。

そして，決定的動機の認定にあたっては，使用者の従前の反組合的行為の存在・程度，当該行為者（被懲戒者）の組合活動に対する使用者の対応や反応，懲戒処分が組合活動に与える影響の重大性，懲戒手続の異常性（処分の時期，手続の不備等），懲戒事由の有無・内容，懲戒の相当性（処分の軽重，同種事例や従前の慣行との均衡）などの事情が考慮されることとなります。

POINT
- 違法な争議行為・組合活動については，企画・指導した執行委員や活動に参加した組合員個人を懲戒し得る。
- ただし，組合嫌悪の意思で組合員を懲戒することが認められないことは勿論であるが，懲戒をする場合には，不当労働行為意思を推測させるような事実関係の有無についても意識して判断すべきである。

第18節　部下の不祥事に対する上司の責任　183

| 第18節 | 部下の不祥事に対する上司の責任 |

1　結果責任ではなく行為責任

　部下の不祥事に関して，上司に対する懲戒処分を検討するにあたっては，懲戒処分は企業秩序を乱した当事者に科される不利益措置であって，上司に対し，連帯責任として「結果責任」を問うことになってはならないということが何よりも重要なポイントとなります。

　結果責任を問い懲戒処分を実施してしまった場合には，自身の職務を果たすべく懸命に頑張っている監督者のやる気を喪失させ，会社の基幹的な労働力である監督者の信頼を失うことにもなりかねません。

　したがって，部下の不祥事に関連して上司の懲戒処分を実施するのは，部下の監督につき過失がある，すなわち「行為責任」がある場合だけとなります。

　この点，上司に監督責任があるかのように思われる場面でも，本当にその監督の実施が期待できるような状況にあったか否かという点も十分に考慮する必要があります。なぜなら，1990年代以降，マーケットのグローバル化による激しい競争の中，監督者はマネージャーの仕事よりもプレイヤーとしての仕事が多くなり，部下のマネジメントよりも自分の仕事に追われる日々が続いていることが，今日の状況といえます。このようなプレイングマネージャー化が進む中で，特にプレイヤーとしての比率が大きいと思われる下級ないし中級の監督者に対して，本当に部下の不祥事の責任を取らせるのかと経営者に問いたいところです。

　上級の監督者については，監督上の過失があれば懲戒処分を検討し得ますが，下級ないし中級の監督者については，監督上の重過失がある場合に

限り部下の不祥事に関して責任を追及すべきと考えます。

なお，上司の監督責任に関しては，就業規則に懲戒事由，種類，程度を規定していない企業も多く見受けられ，「その他懲戒を必要と認めたとき」等の包括条項を根拠に懲戒処分を実施することも実務ではありますが，そのような取り扱いは適当ではありません。懲戒規定では上司の監督責任についても下記規定例のように明確に規定しておくべきです（巻末資料1就業規則規定例92条㉞参照）。

（譴責，減給，出勤停止及び降格の事由）
第92条　従業員が次の各号の1つに該当するときは，その情状に応じ，譴責，減給，出勤停止又は降格に処する。
㉞　監督者の監督不十分により部下が前各号の行為に及んだ場合

2　選択すべき懲戒の程度

そして，上司を懲戒処分する場合でも，その程度は実行者（部下）の懲戒処分よりも低いものであり，譴責，減給程度にとどめるべきと考えます。決して懲戒解雇や諭旨解雇といった契約解消を前提とした処分をすることは許されないと考えます（普通解雇も同様に避けるべきです）。

公務員に関する「懲戒処分の指針」（平12.3.31職職-68，巻末資料3）においても，「⑴指導監督不適正　部下職員が懲戒処分を受ける等した場合で，管理監督者としての指導監督に適正を欠いていた職員は，減給又は戒告とする。」「⑵非行の隠ぺい，黙認　部下職員の非違行為を知得したにもかかわらず，その事実を隠ぺいし，又は黙認した職員は，停職又は減給とする。」とされており，上司に対する懲戒処分の量定として，そもそも契約解消を前提とする懲戒免職は当初から想定されていません。

この点について，部下の多数の横領行為を重過失で発見できなかったとして営業所長に対する懲戒解雇が有効とされた裁判例も存在します（関西

フェルトファブリック事件＝大阪地判平10.3.23労判736-39）。しかし，この事案は，単に重過失で発見し得なかったというものではなく，部下の横領行為に薄々気づきながら，その横領した金銭で同僚に飲食を振る舞うたびに積極的に参加し，その金銭で飲み食いをしたというもので，故意に近い形で横領した金銭の費消に加担して，かつ会社の不良債権の入金を偽装する工作も行っていたとの評価が，懲戒解雇を有効にしたものと考えるべき事案であり，「単に発見できなかった」という純粋な監督責任を問う事案ではありません。

他方で，タクシー会社において，上司である課長が，部下の乗車拒否事件につき，指導監督義務違反があったことを理由として諭旨解雇された事案において，裁判所は，個別指導の時間的限界や乗車拒否防止の困難性等を考慮すれば，仮に同課長に義務違反があったとしてもその違反の程度は大きいものであるということはできないとして，諭旨解雇を無効と判断しました（大阪相互タクシー（乗車拒否）事件＝大阪地決平7.11.17労判692-45）。この裁判例は，指導監督義務違反の程度や前例処分との比較等を考慮すれば，指導監督義務違反として諭旨解雇とするのは重きに失する処分であると判断しており，軽い懲戒処分であれば十分に有効性が肯定され得た事案であるといえます。

3　人事処分と懲戒処分の併用

実務では，上司の監督責任が問題となったとき，人事権により降格処分をするとともに併せて譴責や減給といった懲戒処分を実施することがあります。

同一事案に対して2回懲戒処分を実施することは二重処分禁止の原則から認められませんが，人事権と懲戒権は法的根拠を異にする別々の権限ですから，同一事案を理由に人事処分と懲戒処分を実施したとしても二重処分として禁止されるものではありません。

186　第7章　裁判例から読み解く懲戒事由ごとの量定判断

　監督責任に関する事案ではありませんが，近時の最高裁判決においても，部下の女性従業員に対するセクハラ行為を理由として出勤停止の懲戒処分及び同処分を前提とした資格等級制度規程に基づく降格処分がなされた事案において，いずれも懲戒権ないし人事権の濫用には当たらないとして有効と判示されています（海遊館事件＝最判平27.2.26労判1109-5）。

　もっとも，人事上の降格処分に重ねて懲戒処分を実施する場合，裁判所でその有効性が争われた場合には，懲戒処分量定の相当性判断の際に，人事上の降格処分が事実上考慮されて判断される傾向にあります。そのため，実際に，懲戒処分と人事処分を併用する際には，その点も踏まえて慎重に判断する必要があります。

　なお，懲戒処分と人事上の降格処分の有効性が合わせて問題とされた事案で，人事上の降格処分については有効と判示する一方，懲戒処分（停職3ヶ月）を無効と判示した裁判例として社団法人東京都医師会（A病院）事件＝東京地判平26.7.17労判1103-5があります。

POINT

・上司に対して結果責任を負わせてはいけない。
・監督者の責任は，原則として非違行為を行った部下よりも軽い懲戒となるはずである。

第19節　従業員間の金銭貸借など人間関係を悪化させる行為

1　良好な人間関係を悪化させる行為

　企業は，集団的な労務提供の場ですので，円滑な業務遂行を実現するた

めには，従業員間の円満な人間関係が非常に重要な事柄となります。そして，人間関係が悪化すれば，職場のトータルパワーも低下してしまうため，人間関係を悪化させる又はそのおそれがある行為については，就業規則で企業秩序を乱すおそれがあるものとして明確に禁止し，懲戒事由とすべきであると考えます。

具体的には，従業員間での金銭の貸し借り，販売活動，政治活動，宗教活動などが問題となります。

2　金銭貸借

金銭の貸し借りは，会社の業務ないし人間関係を離れて，純然たる私的な行為によっても行われることがあることは否定できません。しかし，この金銭貸借は，私的な事柄であっても，その返済を巡って当事者間でトラブルが発生し，人間関係を悪化させる事態が発生することも十分予測しうる性質の行為といえます。

したがって，人間関係の悪化により，円滑な業務遂行を妨げるおそれがある以上，企業が従業員間における金銭の貸し借りを禁じることは，合理的な理由があると考えます。そして，その禁止に違反した場合には，労働契約の存続を前提とする程度の懲戒をすることもできると考えます。

その際，どの程度の懲戒処分をなし得るかは各事案の態様等で決まるというほかありませんが，処分量定を判断する際の視点としては，次の3つの区分が挙げられます。

1つ目は，同僚間の貸し借りです。この関係では，純然たる私的な行為と考えられる場合も多いといえ，日常の業務上の指揮命令権の一環として，注意，指導の中で，返済を実現させるように対応することになるといえます。ただし，借入れする手段として，暴行・脅迫まがいの行為があれば，その行為を厳しく処罰することは当然です。

2つ目は，上司と部下との間の貸し借りです。上司が部下の窮状をみか

ねて自発的に貸し付けたような場合には，その時点で特に企業秩序を乱すことはないと思われますが，上司に対してこの禁止の重要性を企業の立場から十分に研修する必要があると考えます。

　一方，上司が部下から金銭を借りる場合は，上司としての地位を利用していないか，注意が必要です。部下の自由意思を抑圧するが如き行為がなされれば，それは借入れの民事上の問題だけではなく，恐喝といった刑事上の問題にまで発展する可能性もあります。恐喝ないしそれに類似する行為があれば監督権限を背景としたものとして厳しい懲戒（懲戒解雇も含む）がなされてもやむを得ないと思います。

　また，仮に，部下の自由な意思だとしても，返済を巡るトラブル発生のおそれだけでなく，上司の人事考課への疑念や他の従業員への影響等，多くの企業秩序を乱すおそれがあることから，この行為については契約存続を前提とした懲戒とともに十分な研修が必要といえます。

　1つ目と2つ目のいずれのケースでも，懲戒解雇事案はあまり想定できませんが，懲戒処分後も反省することなく，社内で借金を続ける場合には，普通解雇を検討することはあり得ます。

　3つ目は，借入れをした従業員が自己破産した場合です。自己破産は私生活上のことであり，それをもって直ちに企業秩序を乱すおそれがあるともいえないことから，自己破産したことを理由に懲戒することはできず，さらには普通解雇をすることもできないと考えます。もっとも，債務自体は自然債務として残存することから，良好な人間関係を維持すべく，借入れしている従業員に対し，返済をするよう指導することは問題ないと思います。

3　販売活動

　販売活動は，金銭に関する利害関係を生じさせる結果，人間関係を悪化させる危険を伴うため，就業時間中又は事業場内で行う場合には事前許可

制とすべきです。

　一方，就業時間外及び事業場外で販売活動が行われた場合，それが純然たる私的行為であれば禁止することはできないのが原則です。しかし，従業員たる地位を利用して販売活動を行っている場合には，前述の人間関係悪化のリスクがある以上，事前許可を求めることは許されると考えます。

　そして，これらに違反して販売活動が行われた場合には懲戒処分の対象になると考えますが，その程度としては譴責や減給といった軽い懲戒によって対応すべきです。懲戒処分を受けても販売活動を続ける従業員に対しては，最終的には従業員適格の有無の問題として普通解雇を検討することになります。

4　政治・宗教活動

　就業時間中又は事業場内の政治・宗教活動については，従業員相互間の政治・宗教的対立ないし抗争を生じさせるおそれがあるなど企業秩序維持に支障をきたすおそれが強いため，就業規則上一般的に禁止することが許されます。判例（目黒電報電話局事件＝最判昭52.12.13労判287-26）も職場内の政治活動について同様に判示しており，禁止違反の行為は実質的に事業場内の秩序風紀を乱すおそれのない特別の事情が認められない限り懲戒の対象になるとしています。

　また，仮に，政治・宗教活動が企業外におけるプライベートな時間に行われたとしても，従業員たる地位を利用して同僚に対して当該活動が行われている場合には，やはり禁止すべきです。パートタイマーなどは退職しても同待遇の職場が探しやすいことなどから「宗教に勧誘するような同僚がいる会社には勤められない」といって退職してしまうことも少なくなく，実務上の弊害も大きいといえます。

　したがって，企業は，就業規則に政治・宗教活動の禁止規定を設け，当該行為が行われた場合には譴責や減給といった懲戒処分を行い，他の従業

員の職場環境が乱されることのないよう対応すべきです。そして，懲戒処分を受けても活動を続ける従業員に対しては，普通解雇を検討することになります。

そして，普通解雇を選択した場合でも，解雇後のトラブルを避けるために，退職届を取得して解決したいのですが，宗教活動を行う従業員の対応については，注意を要します。宗教活動を行っている従業員にいくら退職を勧めても「私は間違ったことはしていない。どうしても辞めろというなら解雇してほしい」といわれることがあるのです。

こうなると解雇するしかありませんが，そのときには「解雇承諾書」を受け取っておきます。解雇に際して従業員の承諾は当然必要ありませんが，解雇してしまうと後に裁判で争われるおそれがあります。「解雇承諾書」を受け取っていれば，裁判を起こさない約束をしたことになるとまでは必ずしもいえませんが，本人が裁判を起こす抑止力になることは間違いありません。

また，雇用保険の関係から解雇にしてほしいといわれる場合もあります。解雇であれば，「会社都合」として，重責解雇でないかぎり保険給付まで7日間の待期で済むところ，退職届を提出して「自己都合」扱いとなると，7日間の待期に加え，さらに3か月間の給付制限期間にかかりますし，給付日数についても，離職理由が「会社都合」の方が手厚いという違いがあるからです。

しかし，解雇ではやはり後に裁判に訴えられるリスクが残ります。この場合には，会社から退職勧奨を受けたことによる離職であれば「会社都合」として取り扱われるので，そのような形で退職届を提出してもらえばよいといえます。それでも解雇してほしいといわれた場合は，「解雇承諾書」の提出を求めます。

これまで就業時間外，企業施設外での従業員たる地位を利用した宗教・販売活動について裁判で争われた事案はないのではないかと思いますが，説明した対応はリスクを回避するために有効であると考えます。

第19節　従業員間の金銭貸借など人間関係を悪化させる行為　191

POINT
懲戒を検討する上では，行為態様及びその結果を踏まえ，行為の主体・客体，時的・場所的因子など様々な側面から職場内の人間関係，ひいては企業秩序に及ぼす影響，リスクを慎重に判断する必要がある。

第8章
懲戒処分の実施

第1節　懲戒事由の事実調査と事実認定

　企業秩序違反行為がみられ，その事実を行為者自身が認めている場合は，次の段階としてどのような懲戒処分とするかを検討することになりますが，行為者が否認した場合には，客観的証拠が乏しかったり，当事者の主張が食い違うなど企業秩序違反行為の事実調査・事実認定が困難なこともあります。例えば，兼業等の私生活上の非行について当事者が否認した場合，その事実調査は難しいですし，セクシュアルハラスメントのように密行性の高い非違行為がなされた場合，加害社員と被害社員との間で言い分が食い違い事実認定に悩むことも少なくありません。

　しかし，懲戒の事実調査・事実認定については，やはり企業が行うほかないのです。企業には警察のような逮捕・勾留して事情聴取を行うといった強制的な捜査権限はありませんが，当事者の主張が食い違うような場合でも，両者の主張を十分に聞き，どちらの主張が信用できるのか，懲戒事由に該当する行為の有無を判断しなければなりません。それを諦めてうやむやにしていたのでは，損なわれた企業秩序の回復は図れないといえます。

第2節　従業員の調査協力義務

　事実調査の基本である従業員からの事情聴取について，まず見ると，企業秩序違反行為を行った本人が，企業の事情聴取に対し真実を述べ，調査に協力する義務を負うことは当然です。

　他方，他人の企業秩序違反行為について，従業員が企業の調査に協力する義務を負う場面については限定的に解されています。

　最高裁は，①管理職のように，他の従業員に対する指導や監督，企業秩序の維持等が職責であり，会社の調査に協力することが職務の内容となっている場合，②会社の調査に協力することが職務の内容となっていなくとも，調査対象である違反行為の性質，内容，違反行為見聞の機会と職務執行との関連性，より適切な調査方法の有無等の事情から総合的に判断して，調査に協力することが労務提供義務を履行する上で必要かつ合理的であると認められる場合，には他の従業員の企業秩序違反事件について調査協力義務を負うと判示しました（富士重工業事件＝最判昭52.12.13労判287-7）。

　実際に，従業員から事情を聴取する場合，どのような順序で行うかは個別の事案ごとにも異なりますが，基本的には，発覚の契機となった従業員（被害者，申告者等）から事情聴取を実施し，その後，非違行為に関与していない第三者から事情を聴き，最後に非違行為の行為者本人から事情を聴取するというのが一般的な順序かと思います。行為者本人よりも関係者からの事情聴取を先に実施するのは，当事者以外の関係者は，当該非違行為についての利害関係が比較的少ないため，真実に近い供述をすることが期待され，それ故に双方当事者のどちらが真実を話しているかの試験紙になりうるからです。

　なお，企業の事情聴取担当者の中には，行為者に対する事情聴取の目的を「非違行為を認めさせて反省させること」にあると誤って認識している

194　第8章　懲戒処分の実施

方もいるように見受けられますが，あくまで「非違行為の全体を把握すること」に目的があることに注意すべきです。

第3節　自宅待機命令

　懲戒処分としての出勤停止とは別に，企業は，業務命令として，懲戒処分の前置処置として，懲戒処分をするか否かについての調査又は審議をするまでの間，非違行為者（ないし非違行為が疑われる者）の出勤を認めず，自宅待機の措置を講じることがあります。

　この業務命令については，仮に賃金を支払っていたとしても，業務上の必要性があるか否かなど，その権利濫用を議論する裁判例があります。しかしながら，労働者には就労請求権が認められておらず，携帯電話の所持が当たり前の今日では，自宅にとどめおかなくとも連絡が可能であることからすれば，賃金は支払い，純粋に労務提供の受領を拒否する（労務提供を受ける権利を放棄する）だけであれば，権利濫用を議論されることもないのではないかと考えます。

　これに対し，賃金を支払わないで自宅待機を命じるには，当該従業員を就労させると不正行為の再発や証拠隠滅のおそれがあるなど緊急かつ合理的な理由があること，自宅謹慎や自宅待機を実質的な出勤停止処分に転化させる懲戒規定上の根拠があること，のいずれかを要件とした裁判例があります（日通名古屋製鉄作業事件＝名古屋地判平3.7.22労判608-59）。

　なお，賃金を支払わないで自宅待機を命じる場合，その期間は10日から2週間程度が限度であると考えます。

第4節　その他の調査方法

　第三者からの申告等によって懲戒事由となる非違行為が発覚した場合，事実調査が難航する場合が多くみられます。中でも，就業時間外の兼業の有無や，営業のような事業場外労働における職務専念義務違反の立証は，企業独自での調査は著しく困難であるといえます。

　したがって，対象労働者に兼業や職務専念義務違反行為を疑うような事情があれば，調査会社の利用も許されてしかるべきと考えます。実際，裁判例の中には，調査会社を用いて兼業の調査をした上で懲戒解雇した事案において，調査会社を用いて調査したことが懲戒解雇の相当性に影響せず，また会社の不法行為責任を問われなかったものがあります（ジャコム立川工場事件＝東京地八王子支判平17.3.16労判893-65）。

　ただし，他の裁判例をも踏まえるならば，調査会社に事実調査を依頼する場合には，懲戒事由に係る非違行為の存在が一定程度疑われるものの，第三者や当事者の事情聴取等では確信が持ち得ないなど調査会社に依頼する必要性があることを前提に，調査会社の調査行為の態様についても適法に行うよう監督することが求められ，調査報告書の開示についても懲戒担当者のみに限定するなどの対応が求められると考えます。

　なお，裁判官によっては，調査会社の調査結果について評価を意図的に歪曲したり，低く評価することもあるので，過信し過ぎないことが必要です。

　その他にも，近時は，社内メールの送受信記録や従業員に配布した業務用携帯電話のGPS機能を利用して調査を行う企業も見受けられます。それらを利用した調査も無制限に許されるわけではないですが，調査の必要性が認められる場合において，合理的範囲内で行われる限りは許されると考えられます。この点に関し，懲戒事案ではないですが，近時，GPSに

196　第 8 章　懲戒処分の実施

よる従業員の所在把握に関して一部不法行為の成立を肯定した裁判例として，東起業事件＝東京地判平24.5.31労判1056-19があります。

第 5 節　懲戒の通知方法

1　通知方法

　懲戒通知は，使用者の労働者に対する一方的な不利益措置の意思表示ですので，民法の原則どおり口頭で行うことは可能です。民法には，意思表示につき遺言のように書面による方法を求めるものがありますが，懲戒について特別な方式は要求されていません＊。

　＊　裁判例（アメリカン・スクール事件＝東京地判平13.8.31労判820-62）も，「労働者に対する懲戒処分の手続や人事上の降格処分の手続につき就業規則に特別な定めがない場合，処分の根拠や対象となる事実を文書で告げる義務はない」と説示しています。

　したがって懲戒通知は，口頭でも書面でも自由に選択できます。しかし，当該企業の就業規則の規定で，「書面で通知する」と定めてあれば，労働契約の内容として，懲戒通知は書面で行うことが求められます。

2　実務の取り扱い

　実務においては，少なくとも懲戒の種類と程度，懲戒の理由及び適用する就業規則規定の条文を記載した書面を交付すべきと考えます。

　書面の交付により，懲戒の内容をも明確にして，そのような非違行為は許さないとの，使用者の労働者への制裁の強い意思を示すことになるから

第5節　懲戒の通知方法　197

です。また，このことにより，譴責や減給のような懲戒処分であれば，労働者に対し改善を求めるとともに，二度と同様の行為をすることのないようにとの意味も込めることができます。

　さらに降級や降格の処分については，口頭であると，人事措置によるものか懲戒によるものか明らかでないところから，その点を明確にする意味をも持つことになります。

　そして，諭旨解雇，懲戒解雇であれば，詳しくその理由を記載することにより，使用者の懲戒処分の正当性を主張すべきと考えます＊。

　　＊　労基法22条1項は，「労働者が，退職の場合において，使用期間，業務の種類，
　　その事業における地位，賃金又は退職の事由（退職の事由が解雇の場合にあって
　　は，その理由を含む。）について証明書を請求した場合においては，使用者は，
　　遅滞なくこれを交付しなければならない。」と定めています。

　この理由の詳細な説明は労働者に対し，納得ないし争うことへの諦めを与えることにより，将来的な紛争を予防する効果をも持つと思います＊。

　　＊　実務では，労働者の相談を受けた弁護士や合同労組の幹部は，相談を受けた時，
　　解雇理由書の交付を受けたかをまず尋ねるのではないかと思います。この点が大
　　事だと考えています。人は最初に聞いたことで心証を作ると，後から他の人の話
　　を聞いてもなかなか自分の心証と違う話を信じることができないと思います。
　　　しかし，最初に労働者の話を聞く際に，使用者側の懲戒理由を読んでおけば，
　　その点に関しては意外と中立な立場で聞きながら，真実が何かを探求することに
　　なるからです。そうすると，労働者に対し，争うか否か，争うとしてもできるだ
　　け使用者との協議とか穏当なアドバイスも期待できるのではないかと思っていま
　　す。

　そしてこの書面の受領を拒否されても，懲戒の意思表示が到達したこと，かつ書面で行ったことも明らかであり，その効力には影響ありません。ただし，受領拒否したことを理由にさらに処分するのは避けた方がよいと考えます＊。

　　＊　ビラ配布を理由とする訓戒処分や理事長宅への押しかけ等を理由とする減給処
　　分書を受領拒否したことを業務命令違反として7日間の出勤停止処分とした事案

198 第8章 懲戒処分の実施

において,「処分書を受取らないことを理由に更に処分を重ねるなどしているのであって,その処分経過は手続的にも疑問があるのみならず,とりわけ被告Aに対する重複処分は過剰に過ぎる」と判断する裁判例(上原学術研究所事件＝大阪地判平11.2.17労判763-52)があります。

念のため,内容証明で送ることもあります。

3　行方不明者に対する通知

　行方不明者に対する通知は,公示による意思表示という方法があります。公示による意思表示とは,裁判所に出頭すれば送達されるべき書類を交付するという内容を,裁判所の掲示板に一定期間掲示することによって,行方不明者に意思表示が到達したとみなす手続をいいます(民法98条)。
　ただ,裁判所の掲示板に掲示があったことは,官報に掲載され,他の経営者の知られるところとなります。自分の会社に行方不明の従業員がいるような事態を知られるのは体裁が悪いと,多くの経営者はこの手続を使うことを敬遠しています。
　そこで筆者は,行方不明者に対しては懲戒手続をとることなく,当然退職の手続をとるべきと考えています＊。
　＊　当然退職事由を定める就業規則例は,次のとおりです。

(当然退職)
第○条　従業員が次の各号の1つに該当するときは,その日を退職の
　　　日とし,その翌日に従業員としての身分を失う。
　　① 死亡したとき
　　② 休職期間が満了したとき
　　③ 取締役又は執行役員に就任したとき
　　④ 会社に連絡がなく30日を経過し,会社が所在を知らないとき

諭旨解雇や懲戒解雇に相当する事案についても,当然退職の手続をとる

べきです。

　なお，退職金の減額・没収事由が「懲戒解雇したとき」などとなっている場合に，退職金を減額又は没収するのであれば，公示による意思表示が必要になると思います。一方，退職金の減額・没収事由が，例えば「在職中の行為に諭旨解雇ないし懲戒解雇に相当する行為があったとき」となっていれば，懲戒解雇したことが要件となっていないことから，当然退職の手続でも退職金の減額・没収事由に該当しますので，あえて公示による意思表示ということをしなくてもよいとも考えられますが，実務的には，こういう場合は公示による意思表示の手続をとって明確にした方がよいと考えます。

第6節　企業による懲戒事実の公表

1　公表規定の必要性

　労働者を懲戒処分した場合，企業はその懲戒事実や懲戒を受けた労働者の氏名を当然に公表することができるのか，それとも労働者の同意がなければ許されないのかという議論があります。氏名を公表するということは，プライバシー侵害の問題にもかかわってきます。この点については，就業規則等に「懲戒事実を公表することがある」旨の規定が定められ，当該規定が従業員に周知徹底されていれば，企業は懲戒を受けた労働者の氏名も含めて公表することができると考えます。言い換えれば，規定化や従業員への周知がなされていない場合には，公表することはできないと思います。

　しかし，裁判所は，この点について，公表することができることを前提に，その公表が名誉毀損（不法行為）に該当するか否かの観点で考えてい

200　第8章　懲戒処分の実施

るようです。そして，その際，公表内容から被処分者が識別特定できるかどうか，また，公表範囲が社内に限られているのか社外にも及んでいるのかといった事情によっても判断枠組みを異にしているようです。

　なお，懲戒処分の公表について不法行為の成立を認めた裁判例として，ある労働者を懲戒解雇した事実を得意先に書面で通知したことについて，懲戒解雇が無効である以上，当該労働者の名誉を毀損する不法行為の成立を肯定した裁判例（アサヒコーポレーション事件＝大阪地判平11.3.31労判767-60），辞職の効力発生後に懲戒解雇した上，50人規模の社内ミーティングで当該労働者が不正行為を行った旨を公言し，また社内の電子メールで当該労働者を懲戒解雇した旨を社員約1,100名全員に送信したことについて，不法行為の成立を肯定した裁判例（エスエイピー・ジャパン事件＝東京地判平14.9.3労判839-32）などがあります。

2　被処分者が識別特定できない態様での公表

　被処分者の氏名を記載せず，事案を要約するなどして，個人が特定されない態様によって公表した場合は，社内公表の事例（国立大学法人Y大学事件＝東京地判平30.9.10労経速2368-3）はもちろん，ホームページや記者会見等で社外に積極的に発表した事例であっても，被処分者の社会的評価がそもそも下がらないことから基本的に問題ないものとされています（B大学事件＝東京地立川支判平25.5.13労判1101-137。なお控訴審も同旨）。

3　被処分者が識別特定できる態様での公表

　被処分者の実名を明らかにするなど，個人が特定される態様によって公表した場合には，被処分者の社会的評価は低下するという前提のもと，名誉毀損の違法性阻却事由の判断枠組みで処理する裁判例と，そうした枠組みを必ずしも採用せず，懲戒処分の公表という事の性質から直接正当性を

判断する裁判例とに二分されます。

　個々の事案を見ますと，直接正当性を判断する事案は基本的には社内公表事例で，名誉毀損の違法性阻却事由の判断枠組みで検討する事案は基本的には社外公表事例であると整理できそうです。

　☞　**違法性阻却の判断枠組み**

　　懲戒事実の公表が，被処分者の社会的信用を低下させ形式的に名誉毀損に当たる場合に，その違法性が阻却されるか否かは，「公共の利害に関する事実に関わり，専ら公益を図る目的でなされた場合に，事実が真実であるか真実と信じるに相当の理由があるときは，不法行為が成立しない」という最高裁判例（読売新聞社事件＝最判昭41.6.23判時453-29）に従うことになります。

(1)　社内公表事例

①関西フエルトファブリック事件＝大阪地判平10.3.23労判736-39

　　「被告が…懲戒解雇をした旨社報に記載したことは当事者間に争いがない。しかしながら，右記載…から直ちに原告が横領犯人である旨が示されたとは即断できないばかりか，右社報には同条七号の適用をも明示されていることを勘案すれば…むしろ，右は原告に対する正当な処分を公示したにすぎないといえるので，この点について名誉毀損は成立しないというべきである。」と判示しました。

②マナック事件＝広島高判平13.5.23労判811-21

　　「本件告示は本件降格処分の内容を所定の掲示場所に掲示したものであり，その目的あるいは態様等においても敢えて１審原告の名誉を毀損する意図でなされたと認めるに足りる証拠はなく，その内容も１審原告が監督職でなくなったことを従業員に知らせるだけのものであるから，本件告示が１審原告の名誉を毀損する行為であったとは認められない。」と判示しました。

202　第8章　懲戒処分の実施

③東京地判平19.4.27労経速1979- 3

　「懲戒処分…が行われたことを広く社内に知らしめ，注意を喚起することは，著しく不相当な方法によるのでない限り何ら不当なものとはいえないと解される。そして，証拠…によれば，本件掲示は，被告の社内に設置された掲示板に，原告に交付された『懲戒』と題する通知書と同一の文書を張り出す形で行われ，掲示の期間は発令の当日のみであったことが認められ，懲戒処分の公示方法として何ら不相当なものとは認められない。」と判示しました。

　上記①〜③の裁判例は，いずれも社内での公表・周知であることを念頭に置いているように見えます。ただし，必ずしも厳格に（例えば社内掲示板を社外の人間が通りがかって見る可能性がないかなどまで）認定し尽くしているわけではありません。

　なお，昭和の裁判例には，「公表の範囲が…会社という私的集団社会内に限られるとしても…その違法性が阻却されるためには，当該公表行為が，その具体的状況のもと，社会的にみて相当と認められる場合，すなわち，公表する側にとって必要やむを得ない事情があり，必要最小限の表現を用い，かつ被解雇者の名誉，信用を可能な限り尊重した公表方法を用いて事実をありのままに公表した場合に限られると解すべきである。」などとし社内での掲示や通知文の一斉配布を名誉毀損としたものもありますが（泉屋東京店事件＝東京地判昭52.12.19労判304-71），組合批判と密接に関連し公表方法が社会的相当性を欠いていた事案であり一般化はしづらいと考えます。

(2)　社外公表事例

①岐阜地判平23.6.2判例集未掲載

　「被告は，本件公表によって，原告が…懲戒解雇されたという本件解雇の事実を公然と摘示し，もって原告の社会的評価を低下させたこ

とが認められる。しかし，これらの事実は，公立の研究機関に所属する研究者の不正行為であって，わが国ないし当該地域の学術研究の健全な発展ないし秩序に関わる公共の利害に関する事実であり，かつ，本件公表の目的は…被告の教育研究機関としての社会に対する責任に基づくものであり，専ら公益を図る目的によるものであると認められる。また，…公然と摘示した事実は真実であるといえることになる。よって，本件公表は，違法性がなく，被告の原告に対する不法行為となるものではない。」と判示しました。

②京都地判平25.1.29判時2194-131

「被告は，少なくとも京都新聞社に対して，本件処分対象者の所属学部，被告への赴任時期，年齢が60歳代であることを明らかにした上で…公表したこと…が認められる。そうすると，本件摘示事実を基に新聞報道がされた場合，当該新聞の一般の読者において，若干の調査をすれば，本件処分の対象が原告であることを特定することが可能であるといえる。そして，本件事実摘示により原告の社会的評価が低下することは明らかである。…もっとも，被懲戒者である原告の地位及び学生に対するセクハラを理由とする大学教授の懲戒解雇という本件事案の性質から，被告において最低限の情報を提供して社会に対する説明責任を果たす必要性は高いといえること及び本件摘示事実の内容に照らすと，本件摘示事実は，公共の利害に関し，専ら公益を図る目的に出たものと認められる。そして…被告において本件摘示事実を真実であると信じるにつき相当な理由があったということができる。」と判示しました。

付　録

参考資料

資料1　就業規則　規定例（服務規律・懲戒に関する章）―206

資料2　譴責・減給・出勤停止・降格事由の三分割例――――217

資料3　懲戒処分の指針―――――――――――――――――222

書式集

書式1　改善指導書（勤務態度不良）―――――――――232

書式2　自宅待機命令書――――――――――――――――234

書式3　懲戒処分通知書
　　　　（譴責・減給・出勤停止・降格・懲戒解雇）―――235

（資料1）

就業規則　規定例
（服務規律・懲戒に関する章）

第8章　服務規律

（服務の原則）

第80条　従業員は，会社が定める規則及び業務上の命令を遵守し，風紀，秩序の維持並びに能率の向上に努め，互いに人格を尊重し，誠実に自己の職務に専念しなければならない。

（服務規律）

第81条　従業員は，常に次の事項を守り，職務に精励しなければならない。

(1)　狭義の服務規律（従業員の就業の仕方及び職場の在り方）

①　勤務時間中は，会社の指揮命令に従い，定められた業務に専念しなければならない。また，あらかじめ許可を得ることなく職場を離れ又は他の者の業務を妨げてはならない。

②　事業場へ入退場するときは所定の通用門から行い，警備係員の要求があった場合は社員証明書を呈示しなければならない。

③　始業時刻と同時に業務を開始し，終業後は速やかに退社しなければならない。また，労働時間管理を受ける従業員は，始業前及び終業後にタイムカードを自ら打刻し，出勤及び退勤の時刻を記録しなければならない。

④　遅刻，早退又は欠勤をしてはならない。やむを得ない事由により遅刻，早退又は欠勤をする場合は，あらかじめ所属長の承認を受けなければならない。ただし，遅刻又は欠勤について，緊急やむを得ず，事前に承認を受けることができない場合には，事後速やかに所属長にその旨を届け出て承認を得なければならない。

⑤　勤務時間中に私用外出又は私用面会をしてはならない。ただし，やむを得ない事由により私用外出又は使用面会をする場合は，あらかじめ所属長の承認を受けなければならない。

⑥　休暇は，所定の手続により請求しなければならない。

⑦　勤務時間中は会社が貸与した所定の制服を着用しなければならない。また，制服の指定がない場合であっても，業務遂行上不都合な服装をしてはならない。

⑧　従業員としての地位を不正に利用して，自己又は第三者の利益を図ってはなら

ない。

⑨ 職務に関し，取引先等から自己又は第三者のために不当な金品の借用又は贈与もしくは供応の利益を受けてはならない。

⑩ 所定の場所以外において喫煙し，又は電熱器等の火気を事前の許可なく使用してはならない。

⑪ 酒気を帯びて勤務してはならない。

⑫ 他の従業員，取引先，その他会社関係者に対し，暴行，脅迫，名誉毀損その他これに類似する行為を行ってはならない。

⑬ 就業時間中又は事業場内において，けんか，賭博その他これに類似する行為をしてはならない。

⑭ 職場の整理整頓に努め，常に清潔を保たなければならない。

⑮ 従業員間で原則として金銭の貸借を行ってはならない。

(2) 企業財産の管理・保全のための規律

① 消耗品は常に節約し，会社の施設，車両，事務機器，備品，帳簿類等は丁寧に取り扱い，その保管を厳重にしなければならない。

② 業務上車両を使用する場合及び業務外で会社所有車両を使用する場合には，交通法規を遵守し，交通事故を起こさないよう注意して運転しなければならない。

③ 会社の事前の許可なく業務以外の目的で会社の施設，車両，事務機器，商品，備品，情報等を使用し，又は持ち出してはならない。

④ 会社の事前の許可なく，就業時間中又は事業場内において，業務以外の目的で，写真撮影，録音又は録画を行ってはならない。

⑤ 事業場内において事前に許可を受けなければ，演説・集会・文書等の配布・貼付等の行為を行ってはならない。

⑥ 就業時間中又は事業場内において政治活動及び宗教活動又はそれに準ずる行為を行ってはならない。就業時間外及び事業場外においても，従業員の地位を利用して他の従業員又は取引先に対しその活動を行ってはならない。

⑦ 就業時間中又は事業場内において事前に許可を受けなければ販売活動又はそれに類似する行為を行ってはならない。就業時間外及び事業場外においても，従業員の地位を利用して他の従業員又は取引先に対しその活動を行ってはならない。

(3) 従業員としての地位・身分による規律

① 常に品位を保ち，会社の内外を問わず，会社の名誉や信用を毀損する又はそのおそれのある行為をしてはならない。

② 会社の内外を問わず，会社又は他の従業員の名誉や信用を毀損する内容又はそ

のおそれのある内容のブログ，ツイッター，フェイスブック等のソーシャル・ネットワーキング・サービス（SNS），動画サイト，又はインターネット上の掲示板等への投稿を行ってはならない。

③ 事前に許可を受けなければ他の職に就いてはならない。

④ 公職に立候補又は就任する場合には，あらかじめその旨を会社に届け出なければならない。

⑤ 会社の内外を問わず，在職中又は退職後においても営業秘密の他，会社業績に影響を及ぼしうる一切の情報で公表されていないもの（企業秘密）を業務外の目的で利用し，他に開示，漏洩し，又は自社もしくは他社の企業秘密を不正に入手してはならない。

⑥ 業務上，個人情報（個人番号を含む。以下同じ。）を取り扱う際には「個人情報取扱規程」及び「特定個人情報取扱規程」を遵守するとともに，在職中又は退職後においても取引先，顧客その他関係者及び会社役員，従業員等の個人情報を，利用目的を超えて取り扱い，正当な理由なく開示，漏洩し，又は不正に入手してはならない。

⑦ 業務上必要な報告，届出を怠り，又は虚偽報告，届出を行ってはならない。

⑧ 申告すべき事項及び所定の届出事項に変更が生じたときは，速やかにその申告及び届出をしなければならない。

(4) その他，上記に準ずる事項で企業秩序を乱し，又はそのおそれを発生させてはならない。

（セクシュアル・ハラスメントの禁止）

第82条　従業員は，職場において性的言動を行い，それに対する他の従業員の対応により，当該従業員に対しその労働条件に不利益を与え，又は当該従業員の就業環境を害してはならない。

　　　2　従業員は，前項の性的言動又は類似する形態の言動により，他の従業員の有する具体的職務遂行能力の発揮を阻害し，又はそのおそれを発生させてはならない。

（マタニティ・ハラスメント等の禁止）

第82条の2　従業員は，職場において，他の従業員の妊娠，出産，育児又は介護に関する言動，並びにこれらを理由とする休業又は措置の利用等の妨げとなるような言動を行い，当該従業員の就業環境を害してはならない。

資料 1　就業規則　規定例（服務規律・懲戒に関する章）　209

2　従業員は，前項の言動又は類似する形態の言動により，他の従業員の有する
具体的職務遂行能力の発揮を阻害し，又はそのおそれを発生させてはならない。

（パワー・ハラスメント等の禁止）
第83条　従業員は，行為の内容の如何を問わず，他の従業員に対し，いじめ・嫌がら
せ等を行ってはならない。
2　従業員は，教育，指導の目的であっても，他の従業員に対し，暴行（間接暴
行を含む。），脅迫，又は個人の名誉を毀損する，若しくは雇用不安を与える言
動等を行ってはならない。

（私物持込禁止・所持品検査命令等）
第84条　従業員は事業場内に日常携行品以外の私物を持ち込んではならない。
2　従業員が日常携行品以外の私物を事業場内に持ち込み，又は会社もしくは顧
客の金品を事業場外に持ち出すおそれがある場合，会社は従業員に対し，所持
品の点検又は身体検査を求めることがある。従業員はこの検査を正当な理由な
くして拒否してはならない。

（貸与パソコンの私用禁止・モニタリング）
第85条　従業員は，会社が貸与した電子端末（以下「パソコン」という。）を業務遂行
に必要な範囲で使用するものとし，私的に利用してはならない。
2　会社は，必要と認める場合には，従業員に貸与したパソコン内に蓄積された
データ等を閲覧・監視することができる。

（携帯電話の利用）
第86条　従業員は，就業時間中に会社の許可なく，個人の携帯電話を私的に利用して
はならない。
2　会社は，従業員に対し，業務上の必要性がある場合における緊急連絡手段の
確保のため，就業時間外及び休日に携帯電話を貸与し，その電源を入れておく
よう命じることがある。
3　前項の規定により，携帯電話の貸与を受けた従業員は，その携帯電話を私的
に利用してはならない。

210 付 録

第11章 懲 戒

（懲戒の種類及び程度）

第91条　懲戒の種類及び程度は，以下のとおりとする。

　　①　譴責　　　始末書を提出させて，将来を戒める。

　　②　減給　　　始末書を提出させて，将来を戒めるとともに賃金を減ずる。
　　　　　　　　　この場合，減給の額は1事案について平均賃金の1日分の半
　　　　　　　　　額とし，複数事案については一賃金支払期間の減給総額が当
　　　　　　　　　該賃金支払期間における賃金総額の10分の1を超えないもの
　　　　　　　　　とする。ただし，減給総額が当該賃金支払期間における賃金
　　　　　　　　　総額の10分の1を超える部分については，翌月以降の賃金を
　　　　　　　　　減ずる。

　　③　出勤停止　始末書を提出させて，将来を戒めるとともに，7労働日以内
　　　　　　　　　の期間を定めて出勤を停止し，その期間の賃金は支払わない。

　　④　降格　　　始末書を提出させて，将来を戒めるとともに，職位を解任も
　　　　　　　　　しくは引き下げ，又は職能資格制度上の資格・等級を引き下
　　　　　　　　　げる。

　　⑤　諭旨解雇　懲戒解雇相当の事由がある場合で本人に反省が認められると
　　　　　　　　　きは，解雇事由に関し本人に説諭して解雇することがある。
　　　　　　　　　諭旨解雇となる者には，状況を勘案して退職金の一部を支給
　　　　　　　　　しないことがある。

　　⑥　懲戒解雇　予告期間を設けることなく即時解雇する。ただし，労基法20
　　　　　　　　　条1項ただし書の定める解雇予告除外事由がある場合には，
　　　　　　　　　解雇予告手当を支給しない。
　　　　　　　　　懲戒解雇となる者には，その状況を勘案し，退職金の全部又
　　　　　　　　　は一部を支給しない。

（譴責，減給，出勤停止及び降格の事由）

第92条　従業員が次の各号の1つに該当するときは，その情状に応じ，譴責，減給，
　　　　出勤停止又は降格に処する。

　　①　第81条第1号①（職務専念義務）に違反し，会社の指揮命令に従わず，
　　　　又は勤務時間中に職場を離脱して職務を怠り，業務の運営に支障を生じさ

資料 1　就業規則　規定例（服務規律・懲戒に関する章）　211

せるなど勤務態度が不良な場合

② 第81条第 1 号②（入退場の規律）に違反した場合

③ 第81条第 1 号③（始業・終業時の手続等）に違反した場合

④ 第81条第 1 号④（無断欠勤等の禁止）又は同号⑤（無断私用外出等の禁止）に違反した場合

⑤ 第81条第 1 号⑥（休暇手続）に違反し，虚偽の申請をした場合

⑥ 第81条第 1 号⑦（服装規定）に違反した場合

⑦ 第81条第 1 号⑧（地位の不正利用）に違反し，従業員としての地位を不正に利用し，自己又は第三者の利益を図ろうとし，又は図った場合

⑧ 第81条第 1 号⑩（火気取締規定）に違反した場合

⑨ 第81条第 1 号⑪（酒気帯び勤務の禁止）に違反した場合

⑩ 第81条第 1 号⑫（暴行，脅迫，名誉毀損等の禁止）に違反した場合，又は他の従業員，取引先，その他会社関係者に対する暴行・脅迫・名誉毀損以外の行為により職場内の秩序もしくは風紀を乱した場合

⑪ 第81条第 1 号⑬（けんか，賭博等の禁止）に違反した場合

⑫ 第81条第 1 号⑭（整理整頓）に違反し，業務上支障を生じさせた場合

⑬ 第81条第 1 号⑮（従業員間の金銭貸借の原則禁止）に違反した場合

⑭ 第81条第 2 号①（会社施設等の取扱規定）に違反し，過失により会社の金銭もしくは物品を紛失し，もしくは盗難に遭い，又は故意もしくは過失により会社の物品を損壊し，会社に損害を与えた場合

⑮ 第81条第 2 号②（交通法規の遵守等）に違反し，交通法規違反行為を行った場合

⑯ 第81条第 2 号③（業務目的外使用等の禁止）に違反し，許可なく業務以外の目的で会社の施設，車両，事務機器，商品，備品，情報等を使用し，又は持出した場合

⑰ 第81条第 2 号④（写真撮影等の事前許可制）に違反し，許可なく業務以外の目的で写真撮影，録音又は録画を行った場合

⑱ 第81条第 2 号⑤（演説・集会・文書配布・貼付の事前許可制），同号⑥（政治活動・宗教活動等の禁止），又は同号⑦（販売活動等の事前許可制）に違反して，演説・集会・文書等の配布・貼付等の行為，政治活動，宗教活動，販売活動又はこれらに準ずる活動を行った場合

⑲ 第81条第 3 号①（名誉・信用毀損行為の禁止）に違反し，会社の名誉又は信用を毀損する又はそのおそれのある行為をした場合

212 付　録

⑳　第81条第3号②（SNS等による名誉・信用毀損行為の禁止）に違反し，
　　会社又は他の従業員の名誉又は信用を毀損する又はそのおそれのある行為
　　をした場合

㉑　第81条第3号③（兼業等の事前許可制）に違反し，会社に許可なく在籍
　　のまま他に雇い入れられる等兼業をした場合

㉒　第81条第3号④（公職立候補等の届出）に違反し，業務の運営に支障を
　　生じさせた場合

㉓　第81条第3号⑤（秘密等保持義務）に違反し，又は違反しようとした場
　　合

㉔　第81条第3号⑥（個人情報の保護）に違反し，又は違反しようとした場
　　合

㉕　第81条第3号⑦（報告・届出の懈怠等の禁止）又は同号⑧（変更時の届
　　出義務）に違反した場合

㉖　第82条（セクシュアル・ハラスメントの禁止）に違反した場合

㉗　第82条の2（マタニティ・ハラスメント等の禁止）に違反した場合

㉘　第83条（パワー・ハラスメント等の禁止）に違反した場合

㉙　第85条（貸与パソコンの私用禁止・モニタリング）第1項，第86条（携
　　帯電話の利用）第1項もしくは同3項にしばしば違反し，又はこれらに違
　　反し，業務の運営に支障を生じさせ，会社に損害を与えた場合

㉚　正当な理由なく，会社が命じる時間外労働，休日労働，出張，海外出張
　　等の業務命令を拒んだ場合

㉛　経費の不正な処理をした場合

㉜　その他業務上の指示又は企業秘密保持規程，内部通報処理規程，個人情
　　報取扱規程，もしくは特定個人情報取扱規程等の会社の諸規程に違反した
　　場合

㉝　企業外非行行為により会社の名誉・信用を毀損し，又は会社に損害を及
　　ぼした場合，その他，企業外非行行為により企業秩序が乱された場合

㉞　監督者の監督不十分により部下が前各号の行為に及んだ場合

㉟　その他前各号に準ずる程度の不都合な行為があった場合

（諭旨解雇及び懲戒解雇の事由）

第93条　従業員が次の各号の1つに該当するときは，その情状に応じ，諭旨解雇又は
　　　　懲戒解雇に処する。ただし，改悛の情が顕著に認められること，過去の勤務成

資料1　就業規則　規定例（服務規律・懲戒に関する章）　213

績が良好であったこと等を勘案し，前条の処分にとどめることがある。

① 第81条第1号⑧（地位の不正利用）に違反し，自己又は第三者のために従業員としての地位を不正に利用し，会社に重大な損害を及ぼした場合

② 第81条第1号⑨（不正な利益供受の禁止）に違反し，職務に関し，自己又は第三者のために金品の供与を受け，不正の利益を得た場合

③ 第81条第1号⑩（火気取締規定）に違反し，会社に重大な損害を及ぼした場合

④ 第81条第1号⑫（暴行，脅迫，名誉毀損等の禁止）に違反し，他の従業員，取引先もしくはその他会社関係者に傷害を負わせ精神的もしくは財産的な損害を被らせ，又は職場の秩序もしくは風紀を著しく乱した場合

⑤ 第81条第2号①（会社施設等の取扱規定）に違反し，故意により会社の物品を損壊し，会社に重大な損害を与えた場合

⑥ 第81条第2号②（交通法規の遵守等）に違反し，以下の交通法規違反行為又は交通事故を起こした場合

　(ア) 酒酔い運転又は酒気帯び運転をした場合

　(イ) 交通法規違反行為をして，人を死亡させ又は重篤な傷害を負わせた場合

⑦ 第81条第2号③（業務目的外使用等の禁止）に違反し，会社に重大な損害を与えた場合

⑧ 第81条第3号①（名誉・信用毀損行為の禁止）に違反し，会社の名誉もしくは信用を著しく毀損する行為をし，又は会社に重大な損害を与えた場合

⑨ 第81条第3号②（SNS等による名誉・信用毀損行為の禁止）に違反し，会社又は他の従業員の名誉又は信用を著しく毀損する行為をし，又は会社に重大な損害を与えた場合

⑩ 第81条第3号③（兼業等の事前許可制）に違反し，会社の許可無く在籍のまま，同業他社又は会社業務に関連する企業に雇い入れられる等兼業した場合

⑪ 重要な企業秘密に関し，第81条第3号⑤（秘密等保持義務）に違反し，もしくは違反しようとし，会社の名誉もしくは信用を毀損し，又は会社に損害を与えた場合

⑫ 会社の経営に関し真相を歪曲して宣伝流布を行い，もしくは会社に対して不当な誹謗中傷を行うことにより，会社の名誉もしくは信用を毀損し，

214 付　録

又は会社に損害を与えた場合

⑬　第81条第3号⑥（個人情報の保護）に違反し，又は違反しようとし，会
社の名誉もしくは信用を毀損し，又は会社に損害を与えた場合

⑭　第81条第3号⑦（報告・届出の懈怠等の禁止）に違反し，会社に対して
重大な損害を及ぼした場合

⑮　第81条第3号⑦（報告・届出の懈怠等の禁止）又は同号⑧（変更時の届
出義務）に違反し，故意に届出を怠り又は虚偽の届出をするなどして諸給
与を不正に受給した場合，又は故意に諸給与を不正に支給した場合

⑯　第82条（セクシュアル・ハラスメントの禁止）第1項に違反し，暴行も
しくは脅迫を用いてわいせつな行為をし，又は職場における上司・部下等
の関係に基づく影響力を用いることにより強いて性的関係を結び若しくは
わいせつな行為をした場合，又は，わいせつな言辞等を執拗に繰り返した
ことにより相手が強度の心的ストレスの重積による精神疾患に罹患した場
合

⑰　第82条の2（マタニティ・ハラスメント等の禁止）の規定に違反し，当
該禁止の言動を執拗に繰り返したことにより相手が強度の心的ストレスの
重積による精神疾患に罹患した場合

⑱　第83条（パワー・ハラスメント等の禁止）に違反し，他の従業員に対し，
職権を背景として部下を抑圧したうえで暴行，脅迫もしくは名誉毀損行為
をした場合，又は他の従業員に対する嫌がらせ行為等を執拗に繰り返した
ことにより相手が強度の心的ストレスの重積による精神疾患に罹患した場
合

⑲　第85条（貸与パソコンの私用禁止・モニタリング）第1項，第86条（携
帯電話の利用）第1項又は同第3項に違反し，会社の業務の運営に支障を
生じさせ，会社に重大な損害を与えた場合

⑳　労働契約締結時に最終学歴や職歴等，重大な経歴を偽り，会社の判断を
誤らしめた場合

㉑　正当な理由なく，会社が命じる転勤，職種変更，出向，海外転勤，海外
出向（子会社又は関連会社に限る），昇進を拒んだ場合

㉒　会社の金銭又は物品を窃取，詐取，又は横領した場合

㉓　公務員等に贈賄行為を行った場合

㉔　株券等に関して内部者取引（インサイダー取引）を行った場合

㉕　その他業務上の指示又は企業秘密保持規程，内部通報処理規程，個人情

資料 1　就業規則　規定例（服務規律・懲戒に関する章）　215

報取扱規程，もしくは特定個人情報取扱規程等の会社の諸規程に著しく違
反した場合で行為態様が悪質な場合

㉖　企業外非行行為により，会社の名誉・信用を著しく毀損し，又は会社に
重大な損害を及ぼした場合，その他企業秩序が著しく乱された場合でその
行為態様が悪質な場合

㉗　その他前各号に準ずる程度の不都合な行為があった場合

（懲戒前出社拒否の措置）

第94条　従業員の行為が諭旨解雇もしくは懲戒解雇事由に該当し又はそのおそれがあ
る場合，調査又は審議決定するまでの間，出社を拒否することがある。

2　前項の場合，出社拒否の期間は賃金を支給しない。

（弁明の機会）

第95条　諭旨解雇又は懲戒解雇事由に該当するとして，諭旨解雇又は懲戒解雇になる
おそれがある従業員については，原則として事前に弁明の機会を与える。

（懲戒の減軽）

第96条　情状酌量の余地があり，又は従業員が自らの非違行為が発覚する前に会社に
対し自主的に申し出る等改悛の情が明らかに認められる場合は，懲戒を減軽し，
又は免除することがある。

（教唆及び幇助）

第97条　従業員が，他人を教唆し又は幇助して第92条又は第93条に掲げる行為をさせ
たときは，行為に準じて懲戒に処す。

（懲戒の加重）

第98条　次の各号の事由に該当する場合には，その懲戒を加重する。

①　非違行為の動機もしくは態様が極めて悪質であるとき又は非違行為の結果が
極めて重大であるとき

②　非違行為を行った従業員が管理又は監督の地位にあるなど役職者であるとき

③　非違行為による会社に及ぼす影響が特に大きいとき

④　過去に類似の非違行為を行ったことを理由として懲戒処分を受けたことがあ
るとき

216 付 録

⑤ 同時に2つ以上の懲戒該当行為を行っていたとき

（損害賠償）
第99条 従業員が故意又は過失によって会社に損害を与えたときは，懲戒されたこと
　　　　によって損害の賠償を免れることはできない。

（附則）
第100条 本就業規則は，平成　　年　　月　　日より施行する。

以　　上

資料２　譴責・減給・出勤停止・降格事由の三分割例　217

（資料２）

譴責・減給・出勤停止・降格事由の三分割例

下線部分は二分割で定めた事由と異なる事由

二　分　割	三　分　割	
譴責，減給，出勤停止及び降格の事由	譴責及び減給の事由	出勤停止及び降格の事由
従業員が次の各号の１つに該当するときは，その情状に応じ，譴責，減給，出勤停止又は降格に処する。	従業員が次の各号の１つに該当するときは，その情状に応じ，譴責，又は減給に処する。	従業員が次の各号の１つに該当するときは，その情状に応じ，出勤停止又は降格に処する。ただし，改悛の情が顕著に認められること，過去の勤務成績が良好であったこと等を勘案し，前条の処分にとどめることがある。
①　第81条第１号①（職務専念義務）に違反し，会社の指揮命令に従わず，又は勤務時間中に職場を離脱して職務を怠り，業務の運営に支障を生じさせるなど勤務態度が不良な場合	①　第81条第１号①（職務専念義務）に違反し，会社の指揮命令に従わず，又は勤務時間中に職場を離脱して職務を怠り，業務の運営に支障を生じさせるなど勤務態度が不良な場合	①　第81条第１号①（職務専念義務）に<u>しばしば</u>違反し，会社の指揮命令に従わず，又は勤務時間中に職場を離脱して職務を怠り，業務の運営に支障を生じさせるなど勤務態度が<u>著しく</u>不良な場合
②　第81条第１号②（入退場の規律）に違反した場合	②　第81条第１号②（入退場の規律）に違反した場合	
③　第81条第１号③（始業・終業時の手続等）に違反した場合	③　第81条第１号③（始業・終業時の手続等）に違反した場合	
④　第81条第１号④（無断欠勤等の禁止）又は同号⑤（無断私用外出等の禁止）に違反した場合	④　第81条第１号④（無断欠勤等の禁止）又は同号⑤（無断私用外出等の禁止）に違反した場合	②　第81条第１号④（無断欠勤等の禁止）又は同号⑤（無断私用外出等の禁止）に違反し，正当な理由なく<u>繰り返し</u>無断欠勤等又は無断私用外出等（届出があっても会社が承認しないものを含む）をした場合
⑤　第81条第１号⑥（休暇手続）に違反し，虚偽の申請をした場合	⑤　第81条第１号⑥（休暇手続）に違反し，虚偽の申請をした場合	③　第81条第１号⑥（休暇手続）に違反し，<u>虚偽の申請をしたことにより不正に賃金の支払いを受けていた</u>場合

二　分　割	三　分　割	
譴責，減給，出勤停止及び降格の事由	譴責及び減給の事由	出勤停止及び降格の事由
⑥　第81条第1号⑦（服装規定）に違反した場合	⑥　第81条第1号⑦（服装規定）に違反した場合	
⑦　第81条第1号⑧（地位の不正利用）に違反し，従業員としての地位を不正に利用し，自己又は第三者の利益を図ろうとし，又は図った場合		④　第81条第1号⑧（地位の不正利用）に違反し，従業員としての地位を不正に利用し，自己又は第三者の利益を図ろうとし，又は図った場合
⑧　第81条第1号⑩（火気取締規定）に違反した場合	⑦　第81条第1号⑩（火気取締規定）に違反した場合	⑤　第81条第1号⑩（火気取締規定）に違反し，会社に損害を及ぼした場合
⑨　第81条第1号⑪（酒気帯び勤務の禁止）に違反した場合	⑧　第81条第1号⑪（酒気帯び勤務の禁止）に違反した場合	⑥　第81条第1号⑪（酒気帯び勤務の禁止）に違反し，業務の運営に支障を及ぼした場合
⑩　第81条第1号⑫（暴行，脅迫，名誉毀損等の禁止）に違反した場合，又は他の従業員，取引先，その他会社関係者に対する暴行・脅迫・名誉毀損以外の行為により職場内の秩序もしくは風紀を乱した場合	⑨　他の従業員，取引先，その他会社関係者に対する暴行・脅迫・名誉毀損以外の行為により職場内の秩序もしくは風紀を乱した場合	⑦　第81条第1号⑫（暴行，脅迫，名誉毀損等の禁止）に違反した場合
⑪　第81条第1号⑬（けんか，賭博等の禁止）に違反した場合	⑩　第81条第1号⑬（けんか，賭博等の禁止）に違反した場合	⑧　第81条第1号⑬（けんか，賭博等の禁止）に違反し，就業時間中又は事業場内において，しばしば，けんか，賭博その他これに類似する行為をした場合
⑫　第81条第1号⑭（整理整頓）に違反し，業務上支障を生じさせた場合	⑪　第81条第1号⑭（整理整頓）に違反し，業務上支障を生じさせた場合	
⑬　第81条第1号⑮（従業員間の金銭貸借の原則禁止）に違反した場合	⑫　第81条第1号⑮（従業員間の金銭貸借の原則禁止）に違反した場合	

資料2　譴責・減給・出勤停止・降格事由の三分割例　219

二　分　割	三　分　割	
譴責，減給，出勤停止及び降格の事由	譴責及び減給の事由	出勤停止及び降格の事由
⑭　第81条第2号①（会社施設等の取扱規定）に違反し，過失により会社の金銭もしくは物品を紛失し，もしくは盗難に遭い，又は故意もしくは過失により会社の物品を損壊し，会社に損害を与えた場合	⑬　第81条第2号①（会社施設等の取扱規定）に違反し，<u>過失により</u>，会社の金銭もしくは物品を紛失し，もしくは盗難に遭い，又は会社の物品を損壊し，会社に損害を与えた場合	⑨　第81条第2号①（会社施設等の取扱規定）に違反し，<u>重大な過失により</u>会社の金銭もしくは物品を紛失し，もしくは盗難に遭い，又は故意もしくは<u>重大な過失により</u>会社の物品を損壊し，会社に損害を与えた場合
⑮　第81条第2号②（交通法規の遵守等）に違反し，交通法規違反行為を行った場合	⑭第81条第2号②（交通法規の遵守等）に違反し，交通法規違反行為を行った場合	⑩　第81条第2号②（交通法規の遵守等）に違反し，<u>以下の交通法規違反行為を行った場合</u> （ア）<u>交通法規違反行為をして，人に傷害を負わせ，かつ措置義務違反があった場合</u> （イ）<u>著しい速度超過等の悪質な交通法規違反行為があった場合</u>
⑯　第81条第2号③（業務目的外使用等の禁止）に違反し，許可なく業務外の目的で会社の施設，車両，事務機器，商品，備品，情報等を使用し，又は持出した場合	⑮　第81条第2号③（業務目的外使用等の禁止）に違反し，許可なく業務外の目的で会社の施設，車両，事務機器，商品，備品，情報等を使用し，又は持出した場合	⑪　第81条第2号②（業務目的外使用等の禁止）に違反し，許可なく業務外の目的で会社の施設，車両，事務機器，商品，備品，情報等を使用し，又は持出した<u>ことにより，会社に損害が生じた場合</u>
⑰　第81条第2号④（写真撮影等の事前許可制）に違反し，許可なく業務以外の目的で写真撮影，録音又は録画を行った場合	⑯　第81条第2号④（写真撮影等の事前許可制）に違反し，許可なく業務以外の目的で写真撮影，録音又は録画を行った場合	
⑱　第81条第2号⑤（演説・集会・文書配布・貼付の事前許可制），同号⑥（政治活動・宗教活動等の禁止），又は同号⑦（販売活動等の事前許可制）に違反して，演説・集会・文書等の配布・貼付等の行為，政治活動，宗教活動，販売活動又はこれらに準ずる活動を行った場合	⑰　第81条第2号⑤（演説・集会・文書配布・貼付の事前許可制），同号⑥（政治活動・宗教活動等の禁止），同号⑦（販売活動等の事前許可制）に違反して，演説・集会・文書等の配布・貼付等の行為，政治活動，宗教活動，販売活動又はこれらに準ずる活動を行った場合	⑫　第81条第2号⑤（演説・集会・文書配布・貼付の事前許可制），同号⑥（政治活動・宗教活動等の禁止），同号⑦（販売活動等の事前許可制）に違反して，演説・集会・文書等の配布・貼付等の行為，政治活動，宗教活動，販売活動又はこれらに準ずる活動を行い，<u>企業秩序を著しく乱した場合</u>

220　付　録

二　分　割	三　分　割	
譴責，減給，出勤停止及び降格の事由	譴責及び減給の事由	出勤停止及び降格の事由
⑲　第81条第3号①（名誉・信用毀損行為の禁止）に違反し，会社の名誉又は信用を毀損する又はそのおそれのある行為をした場合		⑬　第81条第3号①（名誉・信用毀損行為の禁止）に違反し，会社の名誉又は信用を毀損する又はそのおそれのある行為をした場合
⑳　第81条第3号②（SNS等による名誉・信用毀損行為の禁止）に違反し，会社又は他の従業員の名誉又は信用を毀損する又はそのおそれのある行為をした場合	⑱　第81条第3号②（SNS等による名誉・信用毀損行為の禁止）に違反し，会社又は他の従業員の名誉又は信用を毀損する又はそのおそれのある行為をした場合	
㉑　第81条第3号③（兼業等の事前許可制）に違反し，会社に許可なく在籍のまま他に雇い入れられる等兼業をした場合	⑲　第81条第3号③（兼業等の事前許可制）に違反し，会社に許可なく在籍のまま他に雇い入れられる等兼業をした場合	
㉒　第81条第3号④（公職立候補等の届出）に違反し，業務の運営に支障を生じさせた場合	⑳　第81条第3号④（公職立候補等の届出）に違反し，業務の運営に支障を生じさせた場合	
㉓　第81条第3号⑤（秘密等保持義務）に違反し，又は違反しようとした場合		⑭　第81条第3号⑤（秘密等保持義務）に違反し，又は違反しようとした場合
㉔　第81条第3号⑥（個人情報の保護）に違反し，又は違反しようとした場合		⑮　第81条第3号⑥（個人情報の保護）に違反し，又は違反しようとした場合
㉕　第81条第3号⑦（報告・届出の懈怠等の禁止）又は同号⑧（変更時の届出義務）に違反した場合	㉑　第81条第3号⑦（報告・届出の懈怠等の禁止）又は同号⑧（変更時の届出義務）に違反した場合	⑯　第81条第3号⑦（報告・届出の懈怠等の禁止）又は同号⑧（変更時の届出義務）に違反し，<u>会社に対して損害を及ぼした場合</u>
㉖　第82条（セクシュアル・ハラスメントの禁止）に違反した場合	㉒　第82条（セクシュアル・ハラスメントの禁止）に違反した場合	⑰　第82条（セクシュアル・ハラスメントの禁止）に<u>しばしば違反した場合又は行為が悪質な場合</u>
㉗　第82条の2（マタニティ・ハラスメント等の禁止）に違反した場合	㉓　第82条の2（マタニティ・ハラスメント等の禁止）に違反した場合	⑱　第82条の2（マタニティ・ハラスメント等の禁止）に<u>しばしば違反した場合又は行為が悪質な場合</u>

資料２　譴責・減給・出勤停止・降格事由の三分割例

二　分　割	三　分　割	
譴責，減給，出勤停止及び降格の事由	譴責及び減給の事由	出勤停止及び降格の事由
㉘　第83条（パワー・ハラスメント等の禁止）に違反した場合		⑲　第83条（パワー・ハラスメント等の禁止）に違反した場合
㉙　第85条（貸与パソコンの私用禁止・モニタリング）第１項，第86条（携帯電話の利用）第１項もしくは同第３項にしばしば違反し，又は同号に違反し，業務の運営に支障を生じさせ，会社に損害を与えた場合	㉔　第85条（貸与パソコンの私用禁止・モニタリング）第１項，第86条（携帯電話の利用）第１項もしくは同第３項にしばしば違反した場合	⑳　第85条（貸与パソコンの私用禁止・モニタリング）第１項，第86条（携帯電話の利用）第１項もしくは同第３項に違反し，業務の運営に支障を生じさせ，会社に損害を与えた場合
㉚　正当な理由なく，会社が命じる時間外労働，休日労働，出張，海外出張等の業務命令を拒んだ場合	㉕　正当な理由なく，会社が命じる時間外労働，休日労働，出張，海外出張等の業務命令を拒んだ場合	㉑　正当な理由なく，会社が命じる時間外労働，休日労働，出張，海外出張等の業務命令を繰り返し拒んだ場合
㉛　経費の不正な処理をした場合		㉒　経費の不正な処理をした場合
㉜　その他業務上の指示又は企業秘密保持規程，内部通報処理規程，個人情報取扱規程，もしくは特定個人情報取扱規程等の会社の諸規程に違反した場合	㉖　その他業務上の指示又は企業秘密保持規程，内部通報処理規程，個人情報取扱規程，もしくは特定個人情報取扱規程等の会社の諸規程に違反した場合	㉓　その他業務上の指示もしくは企業秘密保持規程，内部通報処理規程，個人情報取扱規程，もしくは特定個人情報取扱規程等の会社の諸規程に繰り返し違反し，又は，違反により業務の運営に支障を生じさせた場合
㉝　企業外非行行為により会社の名誉・信用を毀損し，又は会社に損害を及ぼした場合，その他，企業外非行行為により企業秩序が乱された場合		㉔　企業外非行行為により会社の名誉・信用を毀損し，又は会社に損害を及ぼした場合，その他，企業外非行行為により企業秩序が乱された場合
㉞　監督者の監督不十分により部下が前各号の行為に及んだ場合	㉗　監督者の監督不十分により部下が前各号の行為に及んだ場合	
㉟　その他前各号に準ずる程度の不都合な行為があった場合	㉘　その他前各号に準ずる程度の不都合な行為があった場合	㉕　その他前各号に準ずる程度の不都合な行為があった場合

222　付　録

（資料3）

懲戒処分の指針について

（人事院事務総長発）

平成12年3月31日職職—68

最終改正：平成30年9月7日職審—185

　人事院では，この度，懲戒処分がより一層厳正に行われるよう，任命権者が懲戒処分に付すべきと判断した事案について，処分量定を決定するに当たっての参考に供することを目的として，別紙のとおり懲戒処分の指針を作成しました。

　職員の不祥事に対しては，かねて厳正な対応を求めてきたところですが，各省庁におかれては，本指針を踏まえて，更に服務義務違反に対する厳正な対処をお願いいたします。

　特に，組織的に行われていると見られる不祥事に対しては，管理監督者の責任を厳正に問う必要があること，また，職務を怠った場合（国家公務員法第82条第1項第2号）も懲戒処分の対象となることについて，留意されるようお願いします。

以　　　　上

別紙

懲戒処分の指針

第1　基本事項

　本指針は，代表的な事例を選び，それぞれにおける標準的な懲戒処分の種類を掲げたものである。

　具体的な処分量定の決定に当たっては，

①　非違行為の動機，態様及び結果はどのようなものであったか

②　故意又は過失の度合いはどの程度であったか

③　非違行為を行った職員の職責はどのようなものであったか，その職責は非違行為との関係でどのように評価すべきか

④　他の職員及び社会に与える影響はどのようなものであるか

⑤　過去に非違行為を行っているか

等のほか，適宜，日頃の勤務態度や非違行為後の対応等も含め総合的に考慮の上判断するものとする。

　個別の事案の内容によっては，標準例に掲げる処分の種類以外とすることもあり得るところである。例えば，標準例に掲げる処分の種類より重いものとすることが考えられる場合として，

①　非違行為の動機若しくは態様が極めて悪質であるとき又は非違行為の結果が極めて重大であるとき

②　非違行為を行った職員が管理又は監督の地位にあるなどその職責が特に高いとき

③　非違行為の公務内外に及ぼす影響が特に大きいとき

④　過去に類似の非違行為を行ったことを理由として懲戒処分を受けたことがあるとき

⑤　処分の対象となり得る複数の異なる非違行為を行っていたとき

がある。また，例えば，標準例に掲げる処分の種類より軽いものとすることが考えられる場合として，

①　職員が自らの非違行為が発覚する前に自主的に申し出たとき

②　非違行為を行うに至った経緯その他の情状に特に酌量すべきものがあると認められるとき

がある。

　なお，標準例に掲げられていない非違行為についても，懲戒処分の対象となり得るものであり，これらについては標準例に掲げる取扱いを参考としつつ判断する。

第2　標準例

1　一般服務関係

(1)　欠勤

　　　ア　正当な理由なく10日以内の間勤務を欠いた職員は，減給又は戒告とする。

　　　イ　正当な理由なく11日以上20日以内の間勤務を欠いた職員は，停職又は減給とする。

　　　ウ　正当な理由なく21日以上の間勤務を欠いた職員は，免職又は停職とする。

(2)　遅刻・早退

　　　勤務時間の始め又は終わりに繰り返し勤務を欠いた職員は，戒告とする。

224　付　録

(3)　休暇の虚偽申請

病気休暇又は特別休暇について虚偽の申請をした職員は，減給又は戒告とする。

(4)　勤務態度不良

勤務時間中に職場を離脱して職務を怠り，公務の運営に支障を生じさせた職員は，減給又は戒告とする。

(5)　職場内秩序を乱す行為

ア　他の職員に対する暴行により職場の秩序を乱した職員は，停職又は減給とする。

イ　他の職員に対する暴言により職場の秩序を乱した職員は，減給又は戒告とする。

(6)　虚偽報告

事実をねつ造して虚偽の報告を行った職員は，減給又は戒告とする。

(7)　違法な職員団体活動

ア　国家公務員法第98条第2項前段の規定に違反して同盟罷業，怠業その他の争議行為をなし，又は政府の活動能率を低下させる怠業的行為をした職員は，減給又は戒告とする。

イ　国家公務員法第98条第2項後段の規定に違反して同項前段に規定する違法な行為を企て，又はその遂行を共謀し，そそのかし，若しくはあおった職員は，免職又は停職とする。

(8)　秘密漏えい

ア　職務上知ることのできた秘密を故意に漏らし，公務の運営に重大な支障を生じさせた職員は，免職又は停職とする。この場合において，自己の不正な利益を図る目的で秘密を漏らした職員は，免職とする。

イ　具体的に命令され，又は注意喚起された情報セキュリティ対策を怠ったことにより，職務上の秘密が漏えいし，公務の運営に重大な支障を生じさせた職員は，停職，減給又は戒告とする。

(9)　政治的目的を有する文書の配布

政治的目的を有する文書を配布した職員は，戒告とする。

(10)　兼業の承認等を得る手続のけ怠

営利企業の役員等の職を兼ね，若しくは自ら営利企業を営むことの承認を得る手続又は報酬を得て，営利企業以外の事業の団体の役員等を兼ね，その他事業若しくは事務に従事することの許可を得る手続を怠り，これらの兼業を行っ

た職員は，減給又は戒告とする。

⑾　入札談合等に関与する行為

　　国が入札等により行う契約の締結に関し，その職務に反し，事業者その他の者に談合を唆すこと，事業者その他の者に予定価格等の入札等に関する秘密を教示すること又はその他の方法により，当該入札等の公正を害すべき行為を行った職員は，免職又は停職とする。

⑿　個人の秘密情報の目的外収集

　　その職権を濫用して，専らその職務の用以外の用に供する目的で個人の秘密に属する事項が記録された文書等を収集した職員は，減給又は戒告とする。

⒀　公文書の不適正な取扱い

　ア　公文書を偽造し，若しくは変造し，若しくは虚偽の公文書を作成し，又は公文書を毀棄した職員は，免職又は停職とする。

　イ　決裁文書を改ざんした職員は，免職又は停職とする。

　ウ　公文書を改ざんし，紛失し，又は誤って廃棄し，その他不適正に取り扱ったことにより，公務の運営に重大な支障を生じさせた職員は，停職，減給又は戒告とする。

⒁　セクシュアル・ハラスメント（他の者を不快にさせる職場における性的な言動及び他の職員を不快にさせる職場外における性的な言動）

　ア　暴行若しくは脅迫を用いてわいせつな行為をし，又は職場における上司・部下等の関係に基づく影響力を用いることにより強いて性的関係を結び若しくはわいせつな行為をした職員は，免職又は停職とする。

　イ　相手の意に反することを認識の上で，わいせつな言辞，性的な内容の電話，性的な内容の手紙・電子メールの送付，身体的接触，つきまとい等の性的な言動（以下「わいせつな言辞等の性的な言動」という。）を繰り返した職員は，停職又は減給とする。この場合においてわいせつな言辞等の性的な言動を執拗に繰り返したことにより相手が強度の心的ストレスの重積による精神疾患に罹患したときは，当該職員は免職又は停職とする。

　ウ　相手の意に反することを認識の上で，わいせつな言辞等の性的な言動を行った職員は，減給又は戒告とする。

　（注）処分を行うに際しては，具体的な行為の態様，悪質性等も情状として考慮の上判断するものとする。

226　付　録

2　公金官物取扱い関係
(1)　横領

公金又は官物を横領した職員は，免職とする。

(2)　窃取

公金又は官物を窃取した職員は，免職とする。

(3)　詐取

人を欺いて公金又は官物を交付させた職員は，免職とする。

(4)　紛失

公金又は官物を紛失した職員は，戒告とする。

(5)　盗難

重大な過失により公金又は官物の盗難に遭った職員は，戒告とする。

(6)　官物損壊

故意に職場において官物を損壊した職員は，減給又は戒告とする。

(7)　失火

過失により職場において官物の出火を引き起こした職員は，戒告とする。

(8)　諸給与の違法支払・不適正受給

故意に法令に違反して諸給与を不正に支給した職員及び故意に届出を怠り，又は虚偽の届出をするなどして諸給与を不正に受給した職員は，減給又は戒告とする。

(9)　公金官物処理不適正

自己保管中の公金の流用等公金又は官物の不適正な処理をした職員は，減給又は戒告とする。

(10)　コンピュータの不適正使用

職場のコンピュータをその職務に関連しない不適正な目的で使用し，公務の運営に支障を生じさせた職員は，減給又は戒告とする。

3　公務外非行関係
(1)　放火

放火をした職員は，免職とする。

(2)　殺人

人を殺した職員は，免職とする。

(3)　傷害

人の身体を傷害した職員は，停職又は減給とする。

(4) 暴行・けんか

暴行を加え，又はけんかをした職員が人を傷害するに至らなかったときは，減給又は戒告とする。

(5) 器物損壊

故意に他人の物を損壊した職員は，減給又は戒告とする。

(6) 横領

ア 自己の占有する他人の物を横領した職員は，免職又は停職とする。

イ 遺失物，漂流物その他占有を離れた他人の物を横領した職員は，減給又は戒告とする。

(7) 窃盗・強盗

ア 他人の財物を窃取した職員は，免職又は停職とする。

イ 暴行又は脅迫を用いて他人の財物を強取した職員は，免職とする。

(8) 詐欺・恐喝

人を欺いて財物を交付させ，又は人を恐喝して財物を交付させた職員は，免職又は停職とする。

(9) 賭博

ア 賭博をした職員は，減給又は戒告とする。

イ 常習として賭博をした職員は，停職とする。

(10) 麻薬等の所持等

麻薬，大麻，あへん，覚醒剤，危険ドラッグ等の所持，使用，譲渡等をした職員は，免職とする。

(11) 酩酊による粗野な言動等

酩酊して，公共の場所や乗物において，公衆に迷惑をかけるような著しく粗野又は乱暴な言動をした職員は，減給又は戒告とする。

(12) 淫行

18歳未満の者に対して，金品その他財産上の利益を対償として供与し，又は供与することを約束して淫行をした職員は，免職又は停職とする。

(13) 痴漢行為

公共の場所又は乗物において痴漢行為をした職員は，停職又は減給とする。

(14) 盗撮行為

公共の場所若しくは乗物において他人の通常衣服で隠されている下着若しくは身体の盗撮行為をし，又は通常衣服の全部若しくは一部を着けていない状態となる場所における他人の姿態の盗撮行為をした職員は，停職又は減給とする。

228 付　録

4　飲酒運転・交通事故・交通法規違反関係
　(1)　飲酒運転
　　　ア　酒酔い運転をした職員は，免職又は停職とする。この場合において人を死
　　　　亡させ，又は人に傷害を負わせた職員は，免職とする。
　　　イ　酒気帯び運転をした職員は，免職，停職又は減給とする。この場合におい
　　　　て人を死亡させ，又は人に傷害を負わせた職員は，免職又は停職（事故後の
　　　　救護を怠る等の措置義務違反をした職員は，免職）とする。
　　　ウ　飲酒運転をした職員に対し，車両若しくは酒類を提供し，若しくは飲酒を
　　　　すすめた職員又は職員の飲酒を知りながら当該職員が運転する車両に同乗し
　　　　た職員は，飲酒運転をした職員に対する処分量定，当該飲酒運転への関与の
　　　　程度等を考慮して，免職，停職，減給又は戒告とする。
　(2)　飲酒運転以外での交通事故（人身事故を伴うもの）
　　　ア　人を死亡させ，又は重篤な傷害を負わせた職員は，免職，停職又は減給と
　　　　する。この場合において措置義務違反をした職員は，免職又は停職とする。
　　　イ　人に傷害を負わせた職員は，減給又は戒告とする。この場合において措置
　　　　義務違反をした職員は，停職又は減給とする。
　(3)　飲酒運転以外の交通法規違反
　　　　著しい速度超過等の悪質な交通法規違反をした職員は，停職，減給又は戒告
　　　とする。この場合において物の損壊に係る交通事故を起こして措置義務違反を
　　　した職員は，停職又は減給とする。
　(注)　処分を行うに際しては，過失の程度や事故後の対応等も情状として考慮の上
　　　判断するものとする。

5　監督責任関係
　(1)　指導監督不適正
　　　　部下職員が懲戒処分を受ける等した場合で，管理監督者としての指導監督に
　　　適正を欠いていた職員は，減給又は戒告とする。
　(2)　非行の隠ぺい，黙認
　　　　部下職員の非違行為を知得したにもかかわらず，その事実を隠ぺいし，又は
　　　黙認した職員は，停職又は減給とする。

資料3 懲戒処分の指針 229

標準例一覧

	事　　　由	免職	停職	減給	戒告
	(1)　欠勤				
	ア　10日以内			●	●
	イ　11日以上20日以内			●	●
	ウ　21日以上	●	●		
	(2)　遅刻・早退				●
	(3)　休暇の虚偽申請			●	●
	(4)　勤務態度不良			●	●
	(5)　職場内秩序を乱す行為				
	ア　暴行		●	●	
	イ　暴言			●	●
	(6)　虚偽報告			●	●
1　一般服務関係	(7)　違法な職員団体活動				
	ア　単純参加			●	●
	イ　あおり・そそのかし	●	●		
	(8)　秘密漏えい				
	ア　故意の秘密漏えい	●	●		
	自己の不正な利益を図る目的	●			
	イ　情報セキュリティ対策のけ怠による秘密漏えい		●	●	●
	(9)　政治的目的を有する文書の配布				●
	(10)　兼業の承認等を得る手続のけ怠			●	●
	(11)　入札談合等に関与する行為	●	●		
	(12)　個人の秘密情報の目的外収集			●	●
	(13)　公文書の不適正な取扱い				
	ア　偽造・変造・虚偽公文書作成，毀棄	●	●		
	イ　決裁文書の改ざん	●	●		
	ウ　公文書の改ざん・紛失・誤廃棄等		●	●	●

事　　由	免職	停職	減給	戒告
1 一般服務関係 (14) セクシュアル・ハラスメント				
ア　強制わいせつ，上司等の影響力利用による性的関係・わいせつな行為	●	●		
イ　意に反することを認識の上での性的な言動の繰り返し		●	●	
執拗な繰り返しにより強度の心的ストレスの重積による精神疾患に罹患	●	●		
ウ　意に反することを認識の上での性的な言動			●	●
2 公金官物取扱い (1) 横領	●			
(2) 窃取	●			
(3) 詐取	●			
(4) 紛失				●
(5) 盗難				●
(6) 官物損壊			●	●
(7) 失火				●
(8) 諸給与の違法支払・不適正受給			●	●
(9) 公金官物処理不適正			●	●
(10) コンピュータの不適正使用			●	●
3 公務外非行関係 (1) 放火	●			
(2) 殺人	●			
(3) 傷害		●	●	
(4) 暴行・けんか			●	●
(5) 器物損壊			●	●
(6) 横領				
ア　横領	●	●		
イ　遺失物等横領			●	●
(7) 窃盗・強盗				
ア　窃盗	●	●		
イ　強盗	●			
(8) 詐欺・恐喝	●	●		

	事　　由	免 職	停 職	減 給	戒 告
3 公務外非行関係	(9) 賭博				
	ア　賭博			●	●
	イ　常習賭博		●		
	(10) 麻薬等の所持等	●			
	(11) 酩酊による粗野な言動等			●	●
	(12) 淫行	●	●		
	(13) 痴漢行為		●	●	
	(14) 盗撮行為		●	●	
4 飲酒運転・交通事故・交通法規違反	(1) 飲酒運転				
	ア　酒酔い	●	●		
	人身事故あり	●			
	イ　酒気帯び	●	●	●	
	人身事故あり	●	●		
	措置義務違反あり	●			
	ウ　飲酒運転者への車両提供，飲酒運転車両への同乗行為等	●	●	●	●
	※飲酒運転をした職員の処分量定，飲酒運転への関与の程度等を考慮し決定				
	(2) 飲酒運転以外での人身事故				
	ア　死亡又は重篤な傷害	●	●	●	
	措置義務違反あり	●	●		
	イ　傷害			●	●
	措置義務違反あり		●	●	
	(3) 飲酒運転以外の交通法規違反				
	著しい速度超過等悪質な交通法規違反		●	●	●
	物損・措置義務違反あり		●	●	
5 監督責任	(1) 指導監督不適正			●	●
	(2) 非行の隠ぺい，黙認		●	●	

（書式１）

（改善指導書　勤務態度不良）

平成●年●月●日

●●　●●　殿

改　善　指　導　書

株式会社　●●●●

●●部長　●●　●●　　印

　貴殿には，第1記載の事実が見受けられましたので，第2記載のとおり改善するよう指導します。

記

第1　改善指導の対象となる事実（貴殿の問題点）

　1　平成●年●月●日の言動

　　　貴殿は，平成●年●月●日，●●【場所】において，●●【対象者】に対し，●●という言動を行いました。

　　　かかる言動は，就業規則第●条に反し，また職場秩序を混乱させるものです。

　2　平成●年●月●日の言動

第2　改善指導内容

　1　職場秩序を乱す言動を慎むこと。

　2　他の従業員と協調性をもって業務を遂行すること。

　3　業務遂行に際しては上司の指示に従うこと。

　4　当社就業規則●条に記載の服務規律を遵守し，誠実に業務に従事すること。

以上

書式 1　改善指導書（勤務態度不良）　233

平成●年●月●日

株式会社●●

●●部長　●●殿

　私は，上記 1 の事実（私の問題点）に関する説明を受け，理解致しました。そして，上記 2 の改善指導の内容に従って，私の問題点を改善できるよう努力致します。

氏名　　　　　　　　　　　印

＊　本来的には従業員の署名押印は不要ですが，従業員の署名押印が得られれば，この内容で改善努力をすることを了解していたという証拠になります。

（書式２）

（自宅待機命令書）

平成●年●月●日

●●　●●　殿

自宅待機命令書

株式会社●●●●

人事部長　●●　●●　印

　貴殿が行った下記非違行為について，調査を行う必要があることから，当社は貴殿に対し，就業規則●条に基づき，平成●年●月●日から正式な処分が決定するまで，自宅待機を命じます。今後は当社からの指示がない限り，当社施設内に立ち入ることを禁じます。

　なお，自宅待機期間中の賃金は●●【有償・無償のいずれかを明記】とします。

記

日　　時：平成●年●月●日

場　　所：●●

行為概要：●●

以上

書式3　懲戒処分通知書（譴責・減給・出勤停止・降格・懲戒解雇）　235

（書式3）

（懲戒処分通知書　譴責）

平成●年●月●日

●●　●●　殿

懲戒処分通知書

株式会社●●●●

代表取締役　●●　●●　印

　当社は，下記の理由に基づき，貴殿を譴責処分とすることを決定致しましたので
その旨通知致します。

記

第1　懲戒処分の内容
　　　譴責（平成●年●月●日までに，始末書を●●宛に提出して下さい。）

第2　懲戒処分の根拠
　　　就業規則第●条第●号，同条第●号

第3　懲戒処分の理由
　　　貴殿は，・・・

以上

（懲戒処分通知書　減給）

平成●年●月●日

●● ●●　殿

懲戒処分通知書

株式会社●●●●

代表取締役　●●　●●　　印

　当社は，下記の理由に基づき，貴殿を減給処分とすることを決定致しましたので，その旨通知致します。

記

第1　懲戒処分の内容

　　　減給（平成●年●月●日支給分の賃金から平均賃金の半日分である●●円を減額）

第2　懲戒処分の根拠

　　　就業規則第●条第●号，同条第●号

第3　懲戒処分の理由

　　　貴殿は，・・・

以上

書式３　懲戒処分通知書（譴責・減給・出勤停止・降格・懲戒解雇）　237

（懲戒処分通知書　出勤停止）

平成●年●月●日

●●　●●　殿

懲戒処分通知書

株式会社●●●●
代表取締役　●●　●●　印

　当社は，下記の理由に基づき，貴殿を出勤停止処分とすることを決定致しました
のでその旨通知致します。

記

第１　懲戒処分の内容
　　　出勤停止●日間（平成●年●月●日から同年●月●日まで）

第２　懲戒処分の根拠
　　　就業規則第●条第●号，同条第●号

第３　懲戒処分の理由
　　　貴殿は，・・・

以上

238 付 録

（懲戒処分通知書　降格）

平成●年●月●日

●●　●●　殿

懲戒処分通知書

株式会社●●●●
代表取締役　●●　●●　　印

　当社は，下記の理由に基づき，貴殿を降格処分とすることを決定致しましたので
その旨通知致します。

記

第1　懲戒処分の内容
　　　降格（本日付で●●の職を解き，●●の職を命ずる。）

第2　懲戒処分の根拠
　　　就業規則第●条第●号，同条第●号

第3　懲戒処分の理由
　　　貴殿は，・・・

以上

書式3　懲戒処分通知書（譴責・減給・出勤停止・降格・懲戒解雇）　239

（懲戒処分通知書　懲戒解雇）

平成●年●月●日

●●　●●　殿

懲戒処分通知書

株式会社●●●●

代表取締役　●●　●●　印

　当社は，下記の理由に基づき，貴殿を懲戒解雇とすることを決定致しましたのでその旨通知致します。

記

第1　懲戒処分の内容
　　　懲戒解雇（平成●年●月●日付）
　　　退職金の●割（●●円）を不支給とします。

第2　懲戒処分の根拠
　　　就業規則第●条第●号，同条第●号
　　　退職金規程第●条第●号

第3　懲戒処分の理由
　　　貴殿は，・・・

以上

《編著者紹介》

石嵜　信憲（いしざき　のぶのり）

明治大学法学部卒業。1975 年司法試験合格，1978 年弁護士登録。
以後，労働事件を経営者側代理人として手がける。
2002 ～ 2004 年司法制度改革推進本部労働検討会委員。
2002 ～ 2010 年日弁連労働法制委員会副委員長。
現在，経営法曹会議常任幹事。

〈主な著書〉

『改正労働基準法の基本と実務』（中央経済社）
『過重労働防止の基本と実務』（中央経済社）
『労働契約解消の法律実務〈第 3 版〉』（中央経済社）
『割増賃金の基本と実務』（中央経済社）
『就業規則の法律実務〈第 4 版〉』（中央経済社）
『労働者派遣法の基本と実務』（中央経済社）
『労働条件変更の基本と実務』（中央経済社）
『配転・出向・降格の法律実務〈第 2 版〉』（中央経済社）
『非正規社員の法律実務〈第 3 版〉』（中央経済社）
『労働行政対応の法律実務』（中央経済社）
『懲戒権行使の法律実務〈第 2 版〉』（中央経済社）
『健康管理の法律実務〈第 3 版〉』（中央経済社）
『賃金規制・決定の法律実務』（中央経済社）
『個別労働紛争解決の法律実務』（中央経済社）
『労働時間規制の法律実務』（中央経済社）
『管理職活用の法律実務』（中央経済社）
『実務の現場からみた労働行政』（中央経済社）
『メーカーのための業務委託活用の法務ガイド〈第 2 版〉』（中央経済社）
『（新訂版）人事労務の法律と実務』（厚有出版）
『労働法制からみた日本の雇用社会』（日本総研ビジコン）　他

連絡先　石嵜・山中総合法律事務所
　　　　〒 104-0028　東京都中央区八重洲 2 丁目 8 番 7 号　福岡ビル 6 階
　　　　電話　03(3272)2821㈹　FAX　03(3272)2991

《著者紹介》

岸　聖太郎（きし　せいたろう）

2009年慶應義塾大学法学部法律学科卒業。2011年慶應義塾大学法科大学院修了，
新司法試験合格。2012年司法修習修了（65期），弁護士登録（第一東京弁護士会
所属）。2013年石嵜・山中総合法律事務所入所。

豊岡　啓人（とよおか　ひろと）

2014年東京大学法学部卒業。2016年東京大学法科大学院修了，司法試験合格。
2017年司法修習終了（70期），弁護士登録（第一東京弁護士会所属）。2018年石嵜・
山中総合法律事務所入所。

懲戒処分の基本と実務

2019 年 10 月 15 日　　第 1 版第 1 刷発行
2024 年 12 月 10 日　　第 1 版第 6 刷発行

編著者	石　嵜　信　憲
発行者	山　本　　　継
発行所	㈱中　央　経　済　社
発売元	㈱中央経済グループ パ ブ リ ッ シ ン グ

〒101-0051　東京都千代田区神田神保町 1-35
電話　03 (3293) 3371 (編集代表)
　　　03 (3293) 3381 (営業代表)
https://www.chuokeizai.co.jp
印刷・製本／文唱堂印刷㈱

©2019
Printed in Japan

※頁の「欠落」や「順序違い」などがありましたらお取り替えいた
しますので発売元までご送付ください。(送料小社負担)

ISBN978-4-502-26881-6　C3032

JCOPY 〈出版者著作権管理機構委託出版物〉本書を無断で複写複製(コピー)することは,著作
権法上の例外を除き,禁じられています。本書をコピーされる場合は事前に出版者著作権管理
機構 (JCOPY) の許諾を受けてください。
JCOPY 〈https://www.jcopy.or.jp　e メール：info@jcopy.or.jp〉

おすすめします!

労働条件変更の基本と実務

石嵜信憲［編著］
橘 大樹・石嵜裕美子［著］
A5判／220頁
ISBN：978-4-502-19591-4

企業運営上遵守が必要な労働条件について、経営環境の変化等で変更せざるを得ない場合を解説。代表的な判例とその法理を整理しつつ、各種労働条件変更の際の実務手法を丁寧に紹介。

労働者派遣法の基本と実務

石嵜信憲［編著］
小宮純季［著］
A5判／272頁
ISBN：978-4-502-19851-9

労働法制全体における派遣法及び派遣社員の位置づけや改正の歴史を概観し（第1部）、派遣法を逐条解説で学ぶ（第2部）。数次の改正を経た派遣法の今がわかる画期的入門書！

中央経済社

おすすめします！

割増賃金の基本と実務

石嵜信憲［編著］
横山直樹・石嵜裕美子・髙安美保［著］
A5判／288頁
ISBN：978-4-502-21191-1

労働時間とは、計算方法は、といった基本を概観し、固定残業代制を中心に、歩合給制、事業場外労働みなし制、割増賃金未払時の対応等の各実務を近時の判例とともに平易に解説。

過重労働防止の基本と実務

石嵜信憲［編著］
佐々木晴彦・横山直樹・豊岡啓人［著］
A5判／244頁
ISBN：978-4-502-27051-2

働き方改革法等最新の法規定、精神障害他各種疾患のリスク、労働時間管理、問題発生後の対応、会社・役員への損害賠償請求など、過重労働防止に関わる知識・実務のすべて。

中央経済社

おすすめします！

改正労働基準法の基本と実務

石嵜信憲［編著］
佐々木晴彦・豊岡啓人・橘 大樹・
渡辺 絢・髙安美保［著］
A5判／372頁
ISBN：978-4-502-16361-6

時間外労働の上限規制、フレックスタイム制の改正、高プロ制度、有給休暇の時季指定義務など、全企業に影響を及ぼす実務を、それぞれの制度の基本とともにわかりやすく解説。

◆ **本書の構成**

第1章 総論	第7章 電子的手法による労働条件明示
第2章 時間外労働上限規制	第8章 労働安全衛生法の改正
第3章 中小事業主に対する月60時間超の割増率	第9章 労働時間等設定改善法の改正
第4章 フレックスタイム制の改正	巻末資料
第5章 特定高度専門業務・成果型労働制（高度プロフェッショナル制度）	時間外労働・休日労働に関する協定届／改正労基法と改正労基則との対照表　ほか
第6章 年次有給休暇の時季指定義務	

中央経済社